ひとりぶん、
ふたりぶん

刺身パックで さかなつまみ

栗原 友

プレジデント社

思いっきり
適当に
つくってください。

骨があるから、内臓の処理が面倒だから、
すぐ傷んでしまうからという理由で、
魚が食卓に並ぶ回数は、肉より断然少ない。
じつは私もそうでした。
築地市場で働くようになって、
魚は季節や産地によって
全く味わいが違うことを知りました。
皆さんにもぜひ知ってほしいんです。
でも、難しいことはおいといて！
もっと簡単に手軽に魚を
食べてほしいと考えたのが、
刺身パックを使った魚つまみです。
刺身を醤油とわさびで食べるだけじゃない、
自由な発想で魚料理をつくってみませんか。
ひとりでも、ふたりでも、
皆さんの家飲みが楽しくなる本に
なりますように！

魚つまみを簡単に！

刺身パック大作戦

刺身の盛り合わせで
つくりおきつまみも

特売の刺身を
100倍おいしく！

魚のゴミが
出ない！
魚をさばかなくても
簡単につくれる
生食できるから
火入れの失敗なし
薄切りだから
調理時間が短い！

簡単すぎる、旨すぎる。
刺身パックの新しい食べ方を教えます。

魚と一緒に野菜もたっぷり

刺身パックに付いている大根やにんじんのせん切りといった、刺身の添え物やあしらいじゃなく、肉料理と同じように魚と一緒に野菜をもりもり使います。野菜をボリュームたっぷりに食べるアイデアが満載です。

適当につくっても大丈夫

魚料理はちゃんとつくらないと！なんて気合いを入れなくても大丈夫。刺身を下ごしらえ済みの魚と考えれば、気が楽〜になりませんか。手の込んだレシピは一切なし。適当につくってもおいしくつくれるレシピばかり。日頃、魚料理はしないという人でも失敗なしです。

魚料理なのに 彩り鮮やか

ハーブの緑色や、赤玉ねぎやトマトの赤色、卵の黄色……、刺身の色が映えるようなカラフルな彩りを意識してレシピを考えました。ついつい茶色になりがちで、皿に映えない魚料理。彩り鮮やかに盛りつければ、家飲み気分が盛り上がりますよ。

余った刺身の食べ方あります

一人だと1パックが食べ切れずに余ったり、つい買ってしまったけれど、今日は食べられなかったなんてことありますよね。そんなときにお役立ちの魚つまみ。ちょっとだけ余った刺身で翌日の魚つまみを。火を通せばまた違った味になります！

脱！刺身に醤油＆わさび

醤油とわさびで食べるのももちろんおいしいですが、味つけにひと工夫。スパイスやハーブ、マヨネーズやソースなど、魚種に合わせた調味料やフレーバーを組み合わせて自由に発想。酒のつまみになるよう、こってりとしてパンチのある、しっかりめの味に仕上げています。

生食だけじゃない、火を入れたおいしさも

魚は火を入れると身がふっくら、風味も増しておいしさ倍増。加熱した魚ならではのおいしさも知ってほしい。そんな魚つまみも考えました。薄切りの刺身を使えばサッと火を入れるだけでOK。簡単&時短の楽チンつまみです。

contents

この本の使い方

◎どんな刺身でもおいしくつくれるように、スーパーの刺身コーナーで販売されている刺身パックを使っています。パックによって切り方や量に違いがありますが、あまり気にせずおおらかにつくってください。
◎レシピに合わせて米油とオリーブ油を使っていますが、お使いの食用油で構いません。
◎材料は2人分を基本としています。つくりやすい分量がある場合は明記しています。
◎計量の単位は、大さじ1は15㎖、小さじ1は5㎖、1カップは200㎖です。
◎調理時間は目安です。火力や鍋の大きさによって変わってくるので、調整してください。

これがクリトモ式

簡単魚つまみ

クリトモ式の魚つまみをご紹介します。夫婦で魚屋を営んでいるので、わが家では毎日のように魚料理を食べています。だから来客のときはちょっと冒険したものをつくってみたくなるんです。カツオとトマトとウスターソース、イワシと焼きなすとマスタード、シマアジとパクチーとオリーブ油……食べたらわかります。これがその魚種の個性を引き立てる食べ方なんです。しかも、思い立ったらすぐつくれるレシピばかり。カツオの独特の酸味やイワシの脂、ブリの甘味など、魚の個性を存分に味わってください。

野菜たっぷり

ウスターソースとタバスコを
ジャバジャバかけたスパイシー味。
トマトとピーマンの香りに
カツオがもりもり、
酒がグビグビ！

材料（2人分）

カツオのたたき（刺身用）…6切れ

■ サルサソース
- トマト…1個
- ピーマン…½個
- 玉ねぎ…¼個
- パクチー…2本
- ライムかレモン…¼個
- オリーブ油…大さじ1
- ウスターソース…大さじ3
- タバスコ…適宜

つくり方

トマト、ピーマン、玉ねぎ、パクチーをみじん切りにする。野菜とオリーブ油をよく混ぜ合わせたらライムを搾って、カツオの上に盛りつけ、ウスターソースとタバスコを回しかける。野菜は皿に盛りきらなければ、食べながらどんどん足していくといい。

カツオのたたき トマトサルサ

\マグロの赤身でも！/

まろやかで上品な辛さのある

ディジョンマスタードをたっぷりつけて、アジと焼きなすをがぶりっ。

時々、レモンを搾ったり、
みょうがをトッピングすると
サラダのような食べ心地に！

アジとマスタード焼きなす

つくり方

アジは斜めに切り目を入れる。なすはヘタのまわりにぐるりと切り目を入れ、お尻に箸で穴を開けたら、魚焼きグリルで転がしながら約10分、こんがりと焼けたら皮をむく。熱いうちに半分に割ってナンプラーを回しかけ、粗熱を取ったら皿にアジと盛りつけ、マスタードとレモンとみょうがを添える。

材料（2人分）

アジ（刺身用）…6切れ
なす…2本
ナンプラー…小さじ½
ディジョンマスタード…小さじ1
レモン、みょうがのせん切り…各適宜

熱々のじゃがいもに
イワシとバターを和えて、
ヨーグルトとハーブを山盛りに。

半生のイワシの脂が
溶け込むように
ぐしゃぐしゃと
豪快に混ぜて。

イワシとじゃがいものハーブ盛り

材料（2人分）

イワシ（刺身用）…2尾分
じゃがいも…2個
バター…10g
ミント、パクチー、ディルなど
…ひとつかみ
ヨーグルト（無糖）…大さじ2
塩…少々

つくり方

じゃがいもを皮付きのまま鍋に入れ、かぶるくらいの水を注いで柔らかくなるまでゆでる。ザルに上げ、熱いうちに皮をむいて一口大に切る。バター、イワシと一緒にざっくりと混ぜ合わせて、器に盛りつける。ヨーグルトとハーブをのせ、塩をふったら出来上がり。熱々のつくりたてをどうぞ。

＼アジでも！／

シマアジとパクチー

パクチーのみじん切りとオイルを混ぜるだけ。

ポイントは塩を
ちゃんと効かせること。
これで酒がスイスイ進みます。

材料(2人分)

シマアジ(刺身用)…4切れ

■ **パクチーオイル**

パクチー…1袋(30g)
オリーブ油…大さじ2
塩…小さじ½

つくり方

パクチーの茎も葉もできるだけ細かいみじん切りに。オリーブ油と塩を合わせてよくなじませたらパクチーオイルの完成。シマアジに山盛りのせてどうぞ。

\カンパチやブリでも!/

イワシとにんじん

同じせん切りでも、いつものツマを
甘酸っぱいにんじんの
ラペに変えると、
さっぱりとした食べ心地に一変。

材料（2人分）

イワシ（刺身用）…8切れ

■ **にんじんのラペ**

にんじん…150g
穀物酢…大さじ1
砂糖…小さじ½
塩…小さじ½
オリーブ油…大さじ1
レーズン…大さじ1

つくり方

にんじんは皮付きのままマッチ棒くらいの細切りに。にんじんのラペの材料を合わせて、少しなじませたら、イワシに添える。

＼アジやメサバでも！／

ヒラマサの岩下ソース

包丁で何回もたたいた
〝オニ刻み〟の
なめらかな口当たりが
ヒラマサのねっとり感に
じつによく合うんです。

材料（2人分）

ヒラマサ（刺身用）…4切れ
「岩下の新生姜」*…10g
青ねぎ…3本
青じそ…2枚
塩…ひとつまみ
米油…大さじ1

*市販品。新生姜を甘酢漬けにした岩下食品の漬物。

つくり方

「岩下の新生姜」と青ねぎ、青じそをできるかぎり細かいみじん切りに。米油と塩で和えてよくなじませたら、盛りつけたヒラマサにのせる。

＼カンパチやブリでも！／

ブリに酢味噌を和えない、つけるだけ。

大根と生姜のせん切りを
たっぷり巻いてワシワシ食べるのが
正しい食べ方です。

酢味噌ブリ

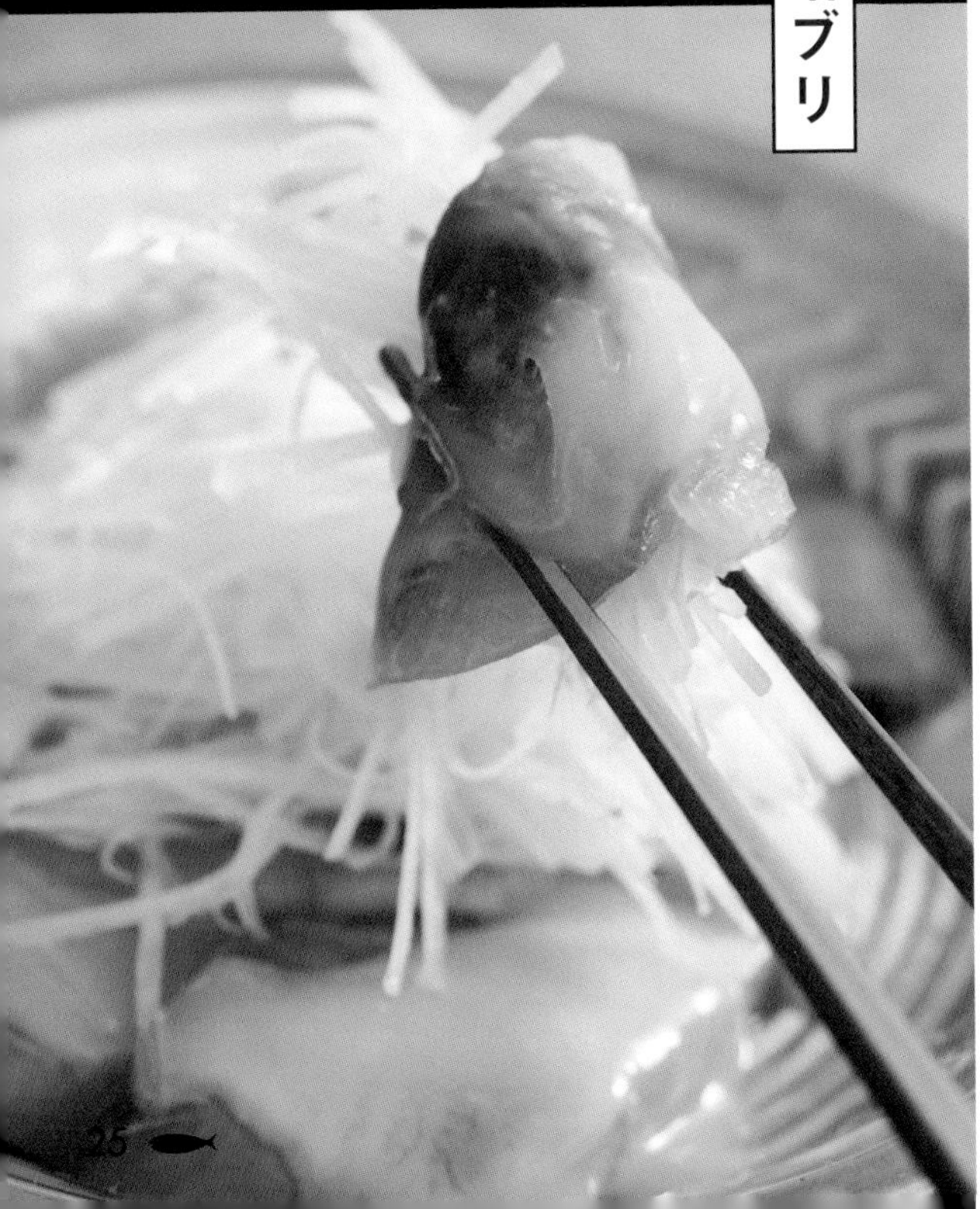

材料（2人分）

ブリ（刺身用）…6切れ
大根…30g
新生姜または生姜…10g
酢味噌…大さじ1

つくり方

大根と生姜は皮をむいてできるだけ細いせん切りに。皿にブリを並べて酢味噌を塗り、大根と生姜を盛りつける。

＼カンパチ、サーモンでも！／

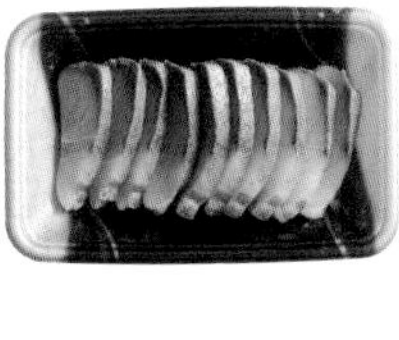

ブリと ねぎ塩胡麻油

黒胡椒をしっかりめに効かせると ねぎの辛味と相まって ブリの甘味が引き立ちます。

材料（2人分）

ブリ（刺身用）…6切れ
長ねぎ…⅔本
胡麻油…大さじ2
塩…少々
黒胡椒…適量

つくり方

長ねぎの白い部分だけ斜め薄切りに。水に10分さらしてキッチンペーパーで水気をしっかり絞る。皿に盛りつけたブリに胡麻油と塩、黒胡椒をかけて、ねぎを添える。

＼どんな魚でも！／

カンパチと紅白なます

甘酸っぱいなますを生姜とたっぷり巻いて

シャクシャク噛めば、
カンパチの食べごたえがアップ！

材料（2人分）

カンパチ（刺身用）…6切れ
生姜（せん切り）…20g

■紅白なます
- 大根（せん切り）…100g
- にんじん（せん切り）…15g
- 穀物酢…大さじ1
- 砂糖…小さじ½

つくり方

大根とにんじんは、色が混ざらないように下ごしらえ。それぞれに塩と砂糖各小さじ½（分量外）ずつもみ込んで5分。水分をしっかりと絞ってからボウルに合わせ、酢と砂糖に和えたら紅白なますの完成。カンパチの上に紅白なますと生姜を盛りつける。

＼どんな魚でも！／

混ぜるだけ!

とろける卵黄と
胡麻のW使いで
ねっとりした口当たりに。

淡白な白身魚がちょっとリッチで
濃厚なテイストに変わります。

タイの黄身胡麻和え

材料（2人分）

タイ（刺身用）…6切れ
卵黄…1個分
すり胡麻（白）…小さじ1
煎り胡麻（白）…小さじ1
塩…少々

つくり方

ボウルに卵黄を溶いてから、タイを加えてなじませる。すり胡麻、煎り胡麻を加えてさらに混ぜて器に盛り、塩をひとつまみのせる。

＼ヒラメ、カレイでも！／

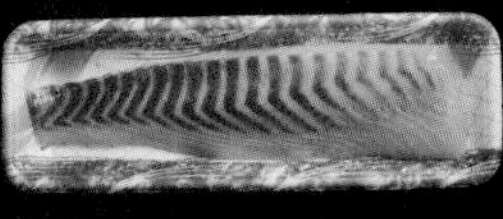

テレビで見かけてすっかりはまった、
納豆白和えをアレンジ。
ツブ貝と一緒に混ぜると
コリコリ、ぬめぬめ、
食感の楽しい魚つまみに。
残ったらご飯にかけて、
ヘルシーな〆ご飯にしても！

材料（2人分）

ツブ貝（刺身用）…60g
絹ごし豆腐…1パック（150g）
納豆…1パック（30g）
醤油…小さじ1

つくり方

前日から下ごしらえを。豆腐と納豆を合わせてなめらかになるまでよく混ぜてから一晩冷蔵庫に。食べる直前にさらに混ぜて、とろとろの状態になったらツブ貝と醤油を和える。

ツブ貝の納豆白和え

\白身、アワビでも！/

タコとじゃがいものアーリオオーリオ

タコは炒めると硬くなるので、
刺身の歯ごたえはそのままに！

カリッと焼き目をつけたゆでじゃがと和えるだけです。

材料（2人分）

タコ（刺身用）…100g
ゆでたじゃがいも…1個
おろしにんにく…小さじ½
塩…ひとつまみ
オリーブ油…100㎖
豆板醤…適宜

つくり方

タコとゆでたじゃがいもは一口大に切る。フライパンにオリーブ油とにんにくを熱して、強火でじゃがいもの表面にカリッと焼き目をつける。ボウルにタコとじゃがいも、塩をざっくりと混ぜてなじませたら皿に盛り、豆板醤を添える。

＼貝、イカでも！／

イサキと煎り大豆

節分に食べる煎り大豆。
豆をたたいてトッピング、
カレー塩でいただきます。
スナック的な刺身の食べ方です。

材料（2人分）

イサキ（刺身用）…6切れ
煎り大豆…大さじ2
カレー粉…小さじ½
塩…小さじ¼

つくり方

タオルを敷いた上に煎り大豆を入れたビニール袋を置いて、すりこ木か包丁の背で軽くたたく。粒々が少し残っているくらいでOK。皿にイサキを盛り、たたいた煎り大豆、カレー粉、塩をのせ、食べる直前に軽く混ぜてどうぞ。

＼どんな白身魚でも！／

カンパチと糠漬け

刺身と刻んだ糠漬けに醤油をひとふり。

それだけなのに、ちょっと気の利いた小鉢の出来上がり。

材料（2人分）

カンパチ（刺身用）…6切れ
糠漬け*…80g
醤油…少々

＊糠漬けは好みのものを。今回はきゅうり、かぶ、にんじん、なすを使用。

つくり方

カンパチは一切れを3等分くらいに切る。糠漬けは薄切りに。カンパチと糠漬けを混ぜ合わせ、食べる直前に醤油をかける。胡麻や削り節をふっても。

＼ブリやヒラマサでも！／

イカタラコ

ねと～としたイカそうめんに
柿の種のカリカリした食感がアクセントに。
「柿ピー」はわさび味がお薦めです。

\タコ、貝類でも！/

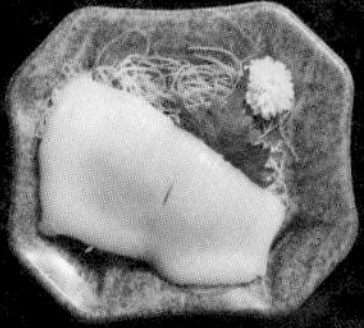

材料（2人分）

イカそうめん（刺身用）…40g
タラコ…1腹（35g）
「柿ピー」…ひとつかみ

つくり方

タラコは薄皮を取ってほぐしておく。イカそうめんとタラコを和えて器に盛り、「柿ピー」をのせる。

柵でステーキ

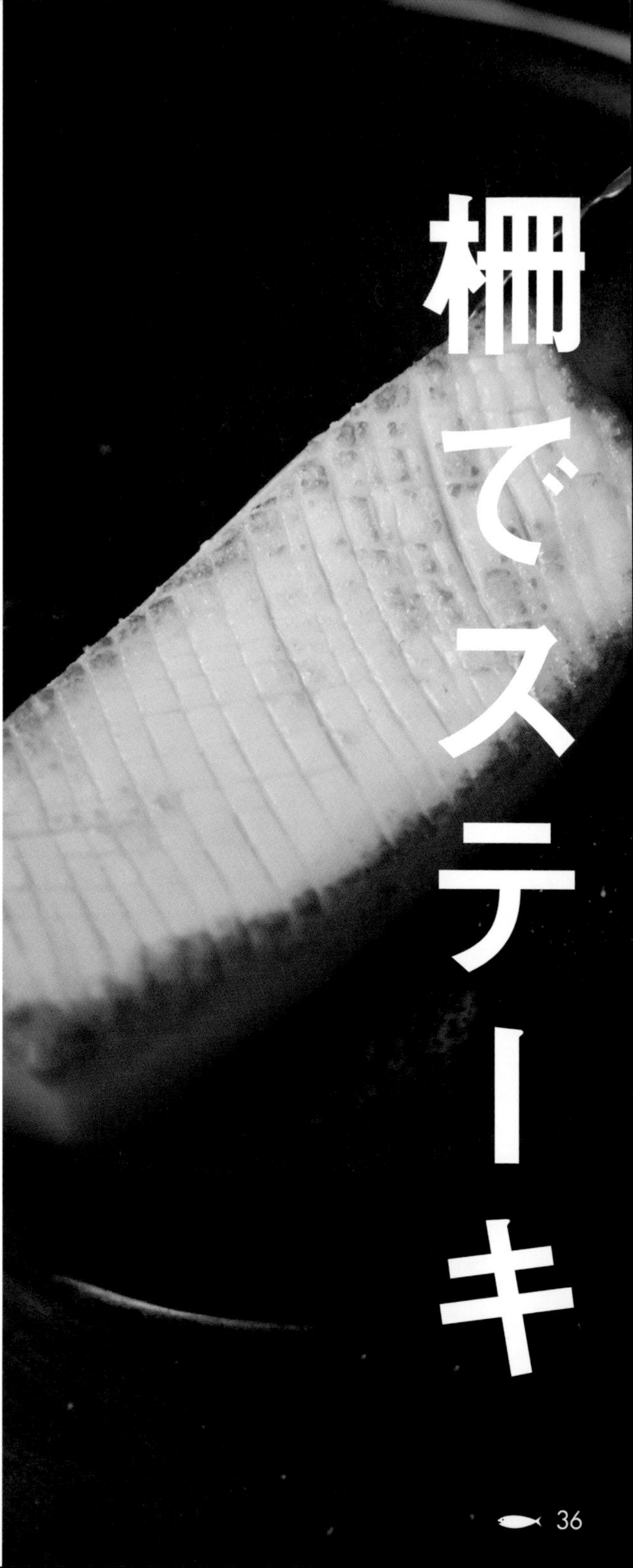

イカを柵ごと焼いて、
豪快にかぶりつく。
イカのおいしい食べ方です。
ステーキソースは、
皿の中で合わせるので簡単！

材料（2人分）

イカ（刺身用の柵）…170g
塩…小さじ½
オリーブ油…大さじ1
青唐辛子…1〜2本
醤油…小さじ½
レモン…⅛個

つくり方

イカの両面に格子状の切り目を入れ、塩をふる。青唐辛子は小口切りに。フライパンにオリーブ油を熱し、イカの表面にカリッと焼き目をつけたら皿に盛る。青唐辛子をのせて、醤油とオリーブ油（分量外）を回しかけ、レモンを搾る。

＼どんな柵でも！／

イカステーキ
青唐醤油ソース

マグロステーキ ガーリックマヨ

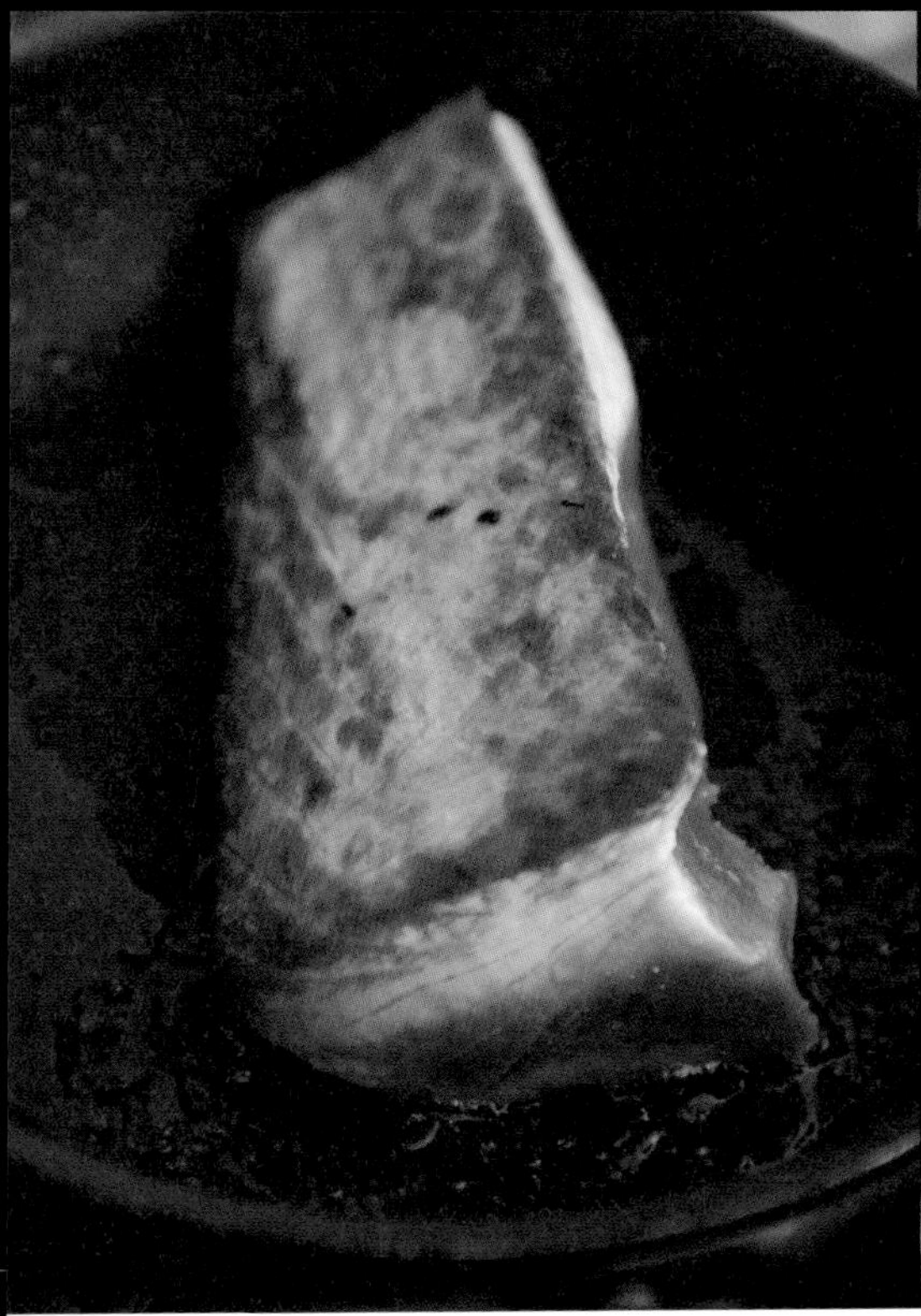

ほくほくに香ばしく焼いたにんにくを
フォークでつぶしながら、
マヨネーズとマスタードを
たっぷりつけて。
まるで肉のような満足感！

材料（2人分）

マグロ（刺身用の柵）…80g
塩…小さじ½
にんにく…4片
オリーブ油…大さじ3
粒マスタード、マヨネーズ…各適宜

つくり方

マグロの全体に塩をふって5分なじませておく。にんにくを包丁の腹でつぶす。フライパンにオリーブ油、にんにくを入れて、弱火でじっくり焼き上げる。きつね色になって香りが立ってきたら皿に取り出す。マグロを転がすように焼いて焼き目をつけたら皿に盛り、オリーブ油（分量外）を回しかける。粒マスタードとマヨネーズをたっぷり添えてどうぞ。刺身用なので中は生でもOK。

&刺身で おつまみに

Ｂ級グルメ的な味つけは私のお気に入り。刺身によく合わせるのは、海苔やチーズ、卵にマヨネーズ、バター。騙されたと思って食べてみてください。そんなの合うわけないと思うかもしれませんが、どれもこれも、魚の個性を引き立ててくれます。また「刺身は生で食べるもの」という常識を覆し、私は加熱調理にも使っています。だって、刺身は骨がないし便利じゃないですか！　上品に食べるだけが刺身の楽しみ方じゃありません。思いっきり適当に、時にはラフに、刺身を使ってみませんか。

&海苔

ホタテのカリカリ海苔巻き

バンッとたたいて
つぶしたホタテを
カリカリに焼きます。

齧ると口の中に余韻が残るくらい
旨味がぐっと濃くなります。
だから、味つけなしで海苔に巻くだけ。
熱々を手づかみで頬張ると、
思わずビールお代わり！

つくり方

まな板にホタテを並べ、鍋の底などでぎゅっと押しつぶす。フッ素樹脂加工のフライパンにホタテを置き、小鍋など重石をのせて動かさないようにして両面をじっくりと焼く。水分が抜けてカリッと焦げ目がついたら完成。縦半分に切った海苔に挟んで熱々を。

材料（2人分）

ホタテ（刺身用）…4個
塩またはクレイジーソルト*…少々
焼き海苔（全形）…1～2枚
*岩塩とハーブがミックスされた市販品。

＼タイラ貝でも！／

ホタテとゴルゴンゾーラ、ルッコラの海苔巻き

海苔に挟むだけでシンプルに食べるのもおいしいのですが、私はこれにブルーチーズとルッコラやクレソンを挟んでリッチに食べるのが好きです。

チーズはいろいろと試してみたのですが、断然ブルーチーズです。熱々のホタテとゴルゴンゾーラ、焼き海苔のトリプルな旨味が口中に広がり、ルッコラのほろ苦さが後をひく。簡単なのに旨すぎで、わが家のへビロテつまみです。自分のご褒美つまみには、ちょっと値段の高い海苔を用意しておくことをお薦めします。

マグロのトロたく風巻き

赤身でも十分いけます。

少し大きめに刻んで、
さっくりと混ぜ合わせれば、
さっぱりした食べ心地に。

材料(2人分)

マグロの赤身(刺身用)…100g
たくあん(薄切り)…3切れ
長ねぎ…3㎝
煎り胡麻(白)…小さじ2
塩…少々
焼き海苔(全形)…1〜2枚

つくり方

マグロはみじん切りに。力を入れないように包丁を動かして、押しつぶさないように切る。たくあんと長ねぎは細かいみじん切りに。塩以外の材料をサッと混ぜ合わせたら、4等分に切った海苔にのせて、塩をぱらりとふってどうぞ。マグロは好みでねっとりするまでたたいても。

\カツオ、ホタテでも!/

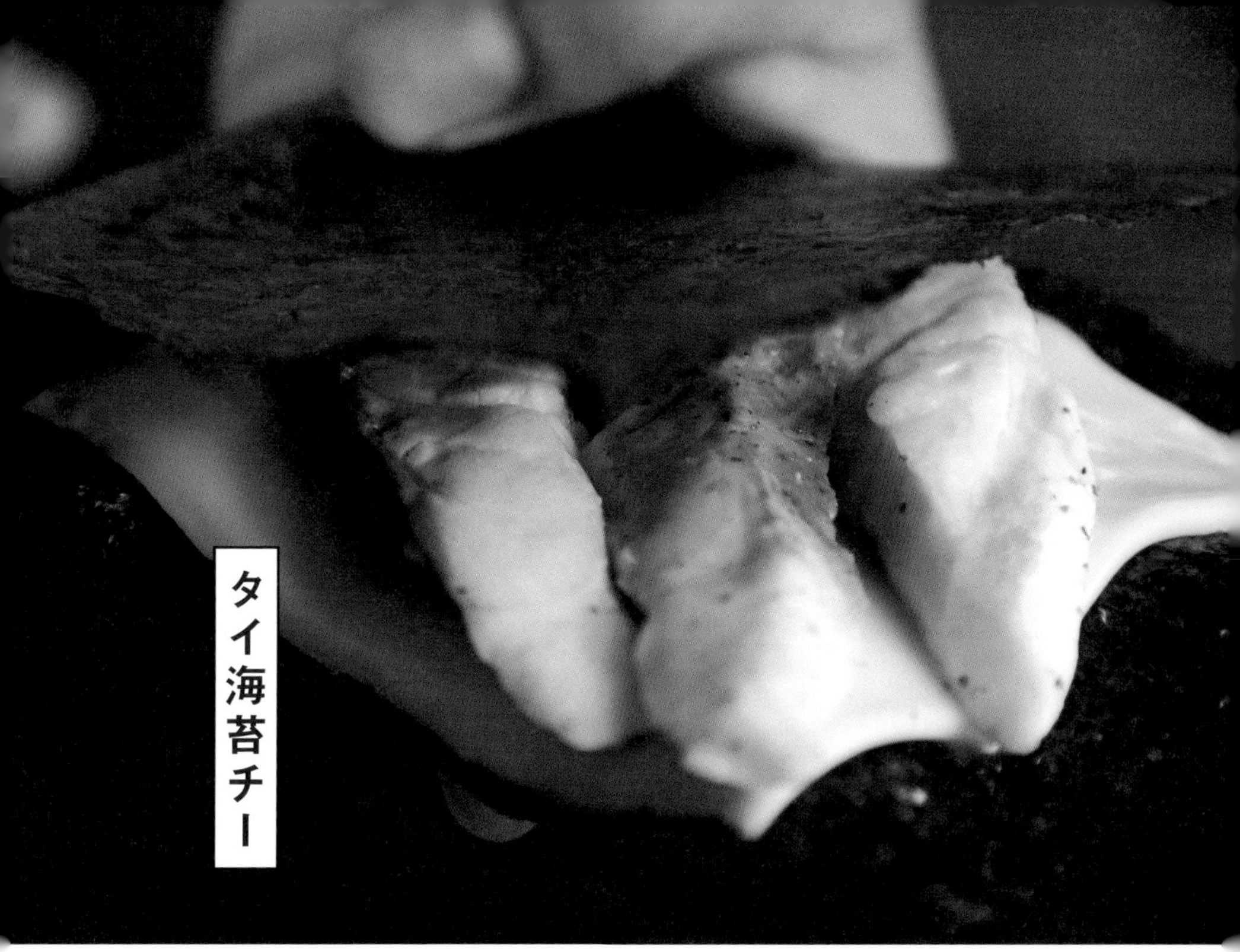

タイ海苔チー

余った刺身でちょっと一口、
忙しい日はソテーしてから冷蔵庫へ。
刺身のまま挟んでもいけます。

材料（2人分）

タイ（刺身用）…6切れ
塩またはクレイジーソルト
…少々
米油…少々
スライスチーズ…2枚
焼き海苔（全形）…1枚

つくり方

米油を熱したフライパンにタイを並べて、両面を色が変わるくらいサッと焼いて粗熱を取る。半分に切った海苔にスライスチーズ、タイを挟む。

＼どんな白身でも！／

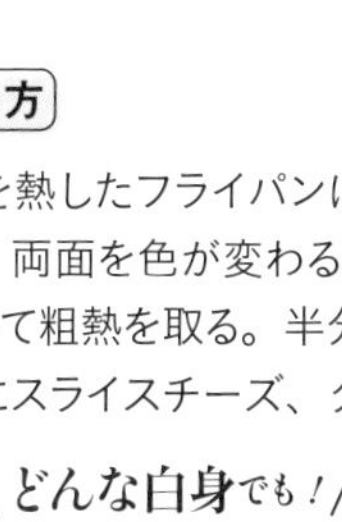

&チーズ

溶けるチーズの上に刺身をのせて
じりじりと焼くだけの超ラクつまみ。

チーズがカリカリッと
煎餅みたいになったら
出来上がり。

ちょこっと余った刺身が大活躍。

サーモンチーズ焼き

材料（2人分）

サーモン（刺身用）…6切れ
ピザ用チーズ…適宜
塩…少々
黒胡椒…適宜

つくり方

フッ素樹脂加工のフライパンにチーズ大さじ1½を薄く広げるように並べて、弱火でゆっくりと加熱する。チーズが溶けてきたらサーモンを一切れのせて軽く塩をふり、パリッとはがせるくらいになったら皿に取り出し、黒胡椒をふる。好みでタバスコをふっても。

＼どんな魚でも！／

食べればわかります！
〆サバとレモン、クリームチーズを
一口でガブッといってください。

三つの〝酸っぱい〟が
口の中で合わさると、
新感覚の味わいに。

〆サバとクリームチーズレモン

材料（2人分）

〆サバ…6切れ
クリームチーズ…100g
レモン…½個
黒胡椒…適宜

つくり方

レモンはできるかぎり薄く切る。〆サバは甘酢が強いと味のバランスが崩れるので、キッチンペーパーで水分をしっかり拭き取る。皿に〆サバ、レモン、黒胡椒をふったクリームチーズを盛りつける。

＼コハダ酢でも！／

マグロとチーズって
じつは最高に合うんです。

刺身にチーズをすりおろすだけでも
十分おいしい。
タイムオイルの風味を足して
簡単ツナ缶風に仕上げました。

＼カツオでも！／

マグロのソテー チーズまみれ

つくり方

マグロに軽く塩をふって10分ほどなじませてから水分を拭き取る。フライパンにオリーブ油大さじ1を熱し、マグロの表面に焼き目をつけたら手早く取り出し、一口大に切って皿に盛り、赤玉ねぎをのせる。続いてフライパンにタイムとオリーブ油大さじ3を入れ、香りが立つまで弱火でゆっくりと加熱する。油が熱々のうちに皿に回しかけ、塩、黒胡椒をふり、チーズをたっぷりすりおろす。

材料（2人分）

キハダマグロ（刺身用の柵）…200g
赤玉ねぎ（薄切り）…¼個
タイム…3本
オリーブ油…適宜
塩…少々
黒胡椒…少々
パルミジャーノ・レッジャーノ
　または粉チーズ…適宜

&卵

パセリのグリーンと
黄身のミモザで
彩りを華やかに!

混ぜると水分が出るので、食べる直前に
よく混ぜて召し上がってください。

イワシのミモザ パセリソース

つくり方

パセリはできるだけ細かいみじん切りにして、ソースの材料と合わせてなじませておく。ゆで卵は黄身と白身を分けてザルなどで漉す。面倒であれば包丁でみじん切りにしてもOK。イワシはざく切りにして皿に盛り、パセリソース、白身、黄身の順に盛りつける。

材料（2人分）

イワシ（刺身用）…120g
ゆで卵…1個
■ パセリソース
イタリアンパセリ…4本
パセリ…½本
おろしにんにく…ほんの少々
オリーブ油…小さじ2
塩…小さじ¼
黒胡椒…適宜

＼アジでも！／

タイのピカタ

刺身を卵にくぐらせて

香ばしく焼いたら、
ひと味違うワザありつまみに。

淡白な白身とズッキーニに
モッツァレラのアクセントで、
おかずでもいける、つまみです。

＼どんな魚でも！／

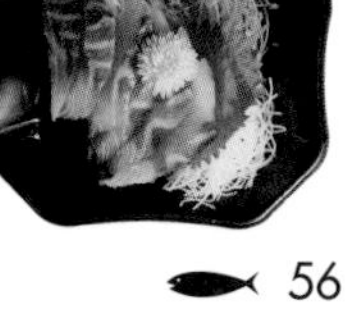

つくり方

ズッキーニとモッツァレラチーズは1cm幅の輪切りにする。タイとズッキーニに塩ひとつまみをふって、3分ほどなじませる。ボウルに卵を溶いて準備したら、フライパンにオリーブ油を熱し、タイ、ズッキーニ、モッツァレラチーズを卵液にくぐらせて、焼き色がつくまで表面を焼く。皿に盛り、塩と黒胡椒をふり、マスタードを添えていただく。

材料(2人分)

タイ(刺身用)…6切れ
ズッキーニ…½本
モッツァレラチーズ…100g
卵…1個
オリーブ油…大さじ1
塩、黒胡椒…各適宜
ディジョンマスタード…適宜

ホタテのスクランブルエッグ

ごろごろに切ったホタテの
ねっとりした甘味を

卵がふんわり クリームチーズがとろ～り。

つくり方

ボウルに卵を割り入れ、4等分に切ったホタテ、塩、クリームチーズを箸で崩しながら加えたら、手早く切るように混ぜてふわりと溶きほぐす。フライパンにオリーブ油を熱し、卵液を一度に流し入れる。木ベラで大きくかき混ぜて、とろとろの半熟状態に仕上げる。あればスイートチリソースをかけていただく。

材料（2人分）

ホタテ（刺身用）…4個
卵…3個
塩…少々
クリームチーズ…50g
オリーブ油…大さじ3
スイートチリソース（あれば）
　…適宜

＼ツブ貝でも！／

タイムセールのウニを見つけたら
迷いなくスクランブルエッグ。

少しくらい色が変わっていても
私は買うのを迷いません。

ウニのスクランブルエッグ

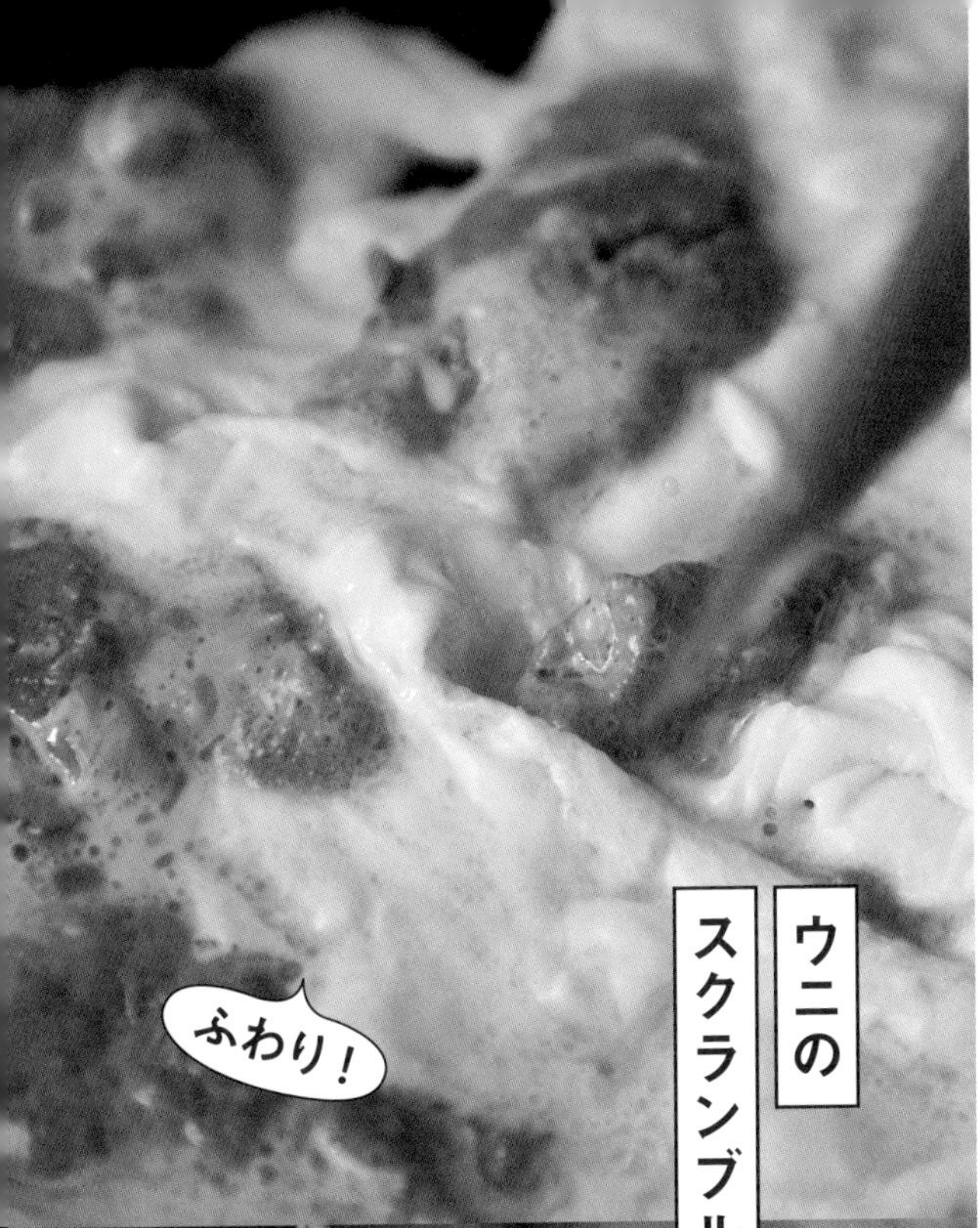

材料（2人分）

ウニ（刺身用）…100g
卵…3個
生クリーム…50㎖
バター…20g
オリーブ油…大さじ1
醤油…適宜

つくり方

ボウルに卵を割り入れ、生クリームを加えて手早く切るように混ぜてふわりと溶きほぐす。フライパンにバターとオリーブ油を熱し、卵液を一度に流し入れる。木ベラで大きくかき混ぜて、とろとろの半熟状態のところにウニを加え、ひと混ぜしたら完成。皿に盛り、醤油をかけていただく。

&バター

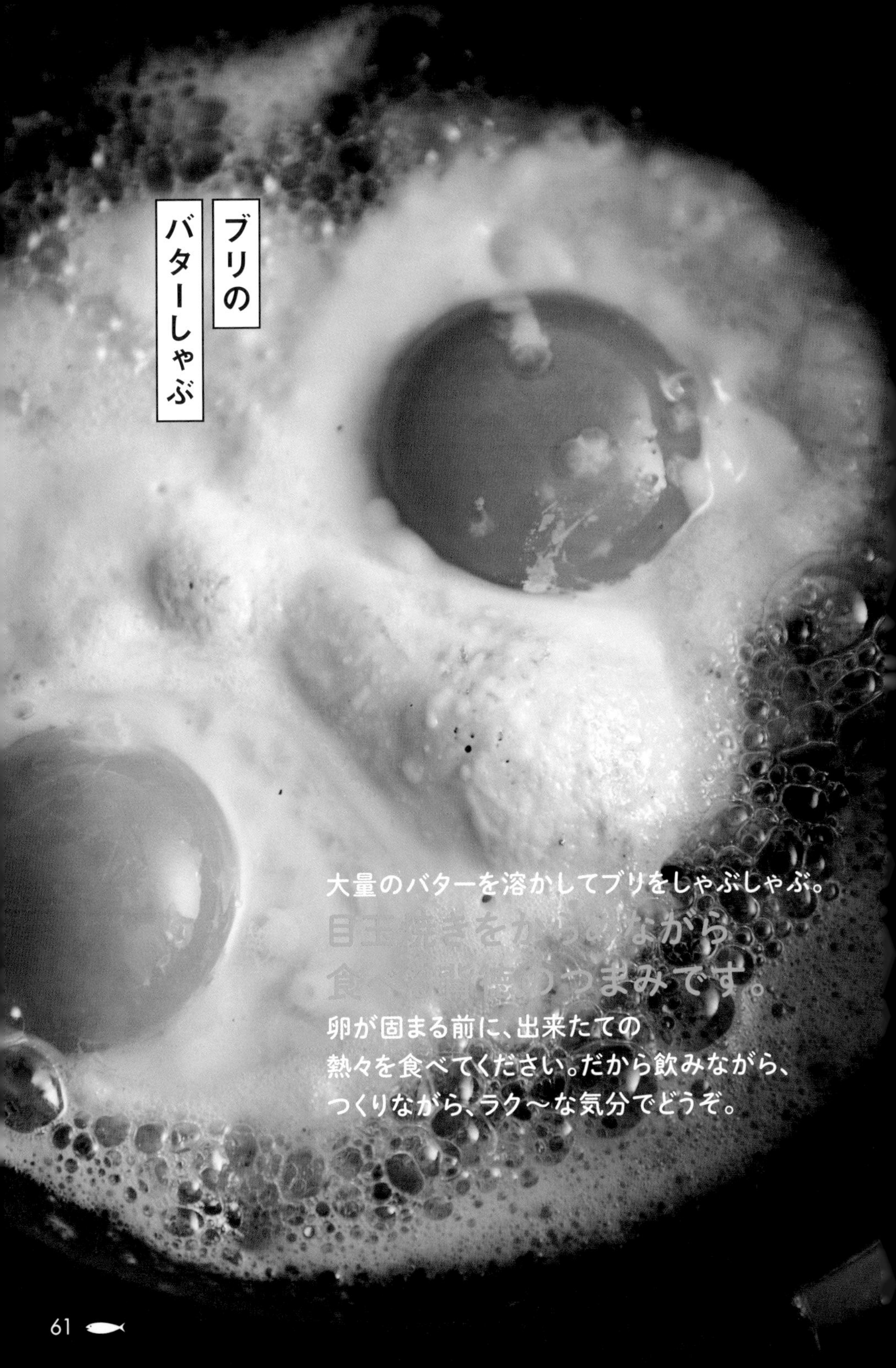

ブリのバターしゃぶ

大量のバターを溶かしてブリをしゃぶしゃぶ。

目玉焼きをからめながら
食べる究極のつまみです。

卵が固まる前に、出来たての
熱々を食べてください。だから飲みながら、
つくりながら、ラク〜な気分でどうぞ。

つくり方

フライパンにオリーブ油とバターを焦がさないように弱火でゆっくりと熱し、溶けたらブリを一切れずつくぐらすようにサッと火を通して皿に取り出す。続いてフライパンに卵を割り入れ、半熟の目玉焼きをつくり、ブリの上に盛りつける。ナンプラーと黒胡椒をかけて、目玉焼きを崩しながらブリをからめるようにしていただく。

材料（2人分）

ブリ（刺身用）…6切れ
卵…2個
バター…40g
オリーブ油…大さじ1
ナンプラー…少々
黒胡椒…適宜

＼カンパチ、ヒラマサでも！／

イカそうめん
大根おろしマヨポン

&マヨ

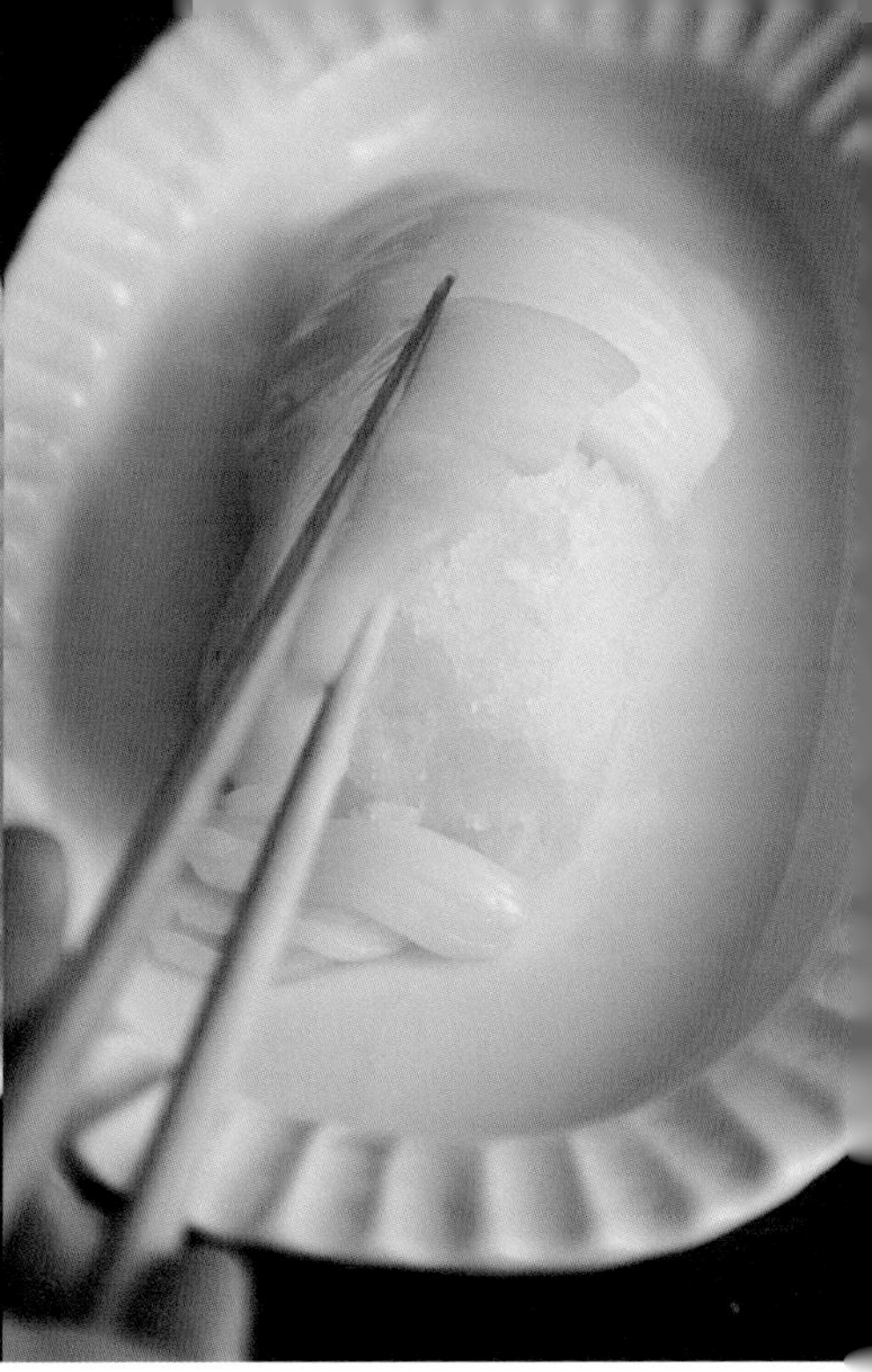

関西の酒場で出会った
マヨネーズ好きには
たまらない衝撃つまみ。
あの味が忘れられなくて家で再現。
大根おろしの山を崩すように
イカそうめんをからめてどうぞ。

材料（2人分）

イカそうめん（刺身用）…1パック
大根…4㎝
マヨネーズ…適宜
ポン酢…適宜

つくり方

大根は皮をむき、すりおろしたら水分をしっかり絞る。皿に山になるように盛りつけ、イカそうめんで覆い、たっぷりのマヨネーズ、ポン酢をかける。イカで大根おろしを挟むようにしていただく。

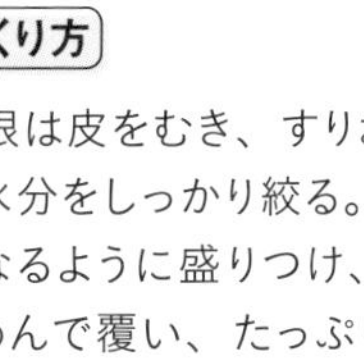

ホタテ醤油バター

バター醤油の香りが
たまらなく食欲をそそります。

切り込みを入れておけば、
サッと火を入れるだけで出来上がり！

材料（2人分）

ホタテ（刺身用）…4個
醤油…小さじ1
バター…20g

つくり方

ホタテの片面に格子状に浅く切り目を入れる。フライパンにバターを熱し、ホタテを焼く。両面に軽く焼き目がついたら、醤油を回し入れてサッとからめる。好みで黒胡椒をかけても。

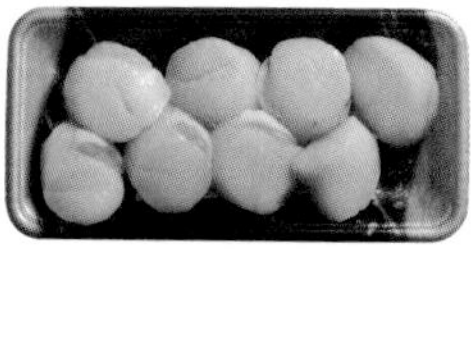

カツオのガーリックマヨ

マヨネーズとにんにくをベシャッとたっぷりつけて

食べると、カツオ独特の風味がクセになります。じつはこれ、ご飯にのせると飯泥棒になります。

材料（2人分）

カツオ（刺身用）…6切れ
マヨネーズ…大さじ3
おろしにんにく…小さじ1
醤油…適宜

つくり方

カツオを盛りつけた皿にマヨネーズとおろしにんにくを添えて、醤油をかける。

＼マグロでも！／

刺身を揚げて、焼いて

＼ぷは〜／

刺身のサイズは一口大。これが揚げたり、焼いたりするのにちょうどいい。まさにスナック！　つまみにぴったりです。その上、残ったらお弁当にも使えます。時間が経った刺身は、生食としてはちょっと味が落ちますが、そんなときこそ揚げて、焼いて！　特売の刺身パックを買い込んで、冷凍保存してもいい。加熱するから問題なし。揚げものはパン粉をつけるところまで下ごしらえして冷凍すれば、使うときに凍ったまま油にイン。サイズが小さいので、少々不器用でもＯＫ。火はちゃんと通ります。

刺身だけだとつまみにするには
ちょっと物足りない……
そこでソーセージとにんにくを
加えたら、これはヒット！

口の中で弾ける
スパイスの香りが
酒を呼びます。

つくり方

1 アジとソーセージ、玉ねぎ、にんにくは同じ大きさになるよう細かいみじん切りに。クミンとコリアンダーは包丁でたたいて刻んでおく。

2 ボウルにオリーブ油以外の材料をすべて入れ、よく混ぜ合わせる。

3 オリーブ油を熱したフライパンに**2**を広げて、均一の厚みになるようにならし、両面に焼き目がつくまでこんがりと焼く。大きさは好みでOK。

材料（2人分）

アジ（刺身用）…90g
粗挽きソーセージ…2本
玉ねぎ…⅛個
にんにく…1片
クミンシード…小さじ¼
コリアンダーシード…小さじ½
カイエンペッパー
　または一味唐辛子…少々
片栗粉…大さじ2
塩…小さじ½
溶き卵…1個分
オリーブ油…大さじ1

アジのスパイシー ハンバーグ

＼イワシでも！／

サーモンの フィッシュケーキ

\どんな魚でも！/

ボリューム満点につくる刺身入りポテトコロッケです。

フィッシュケーキは
イギリスのパブの定番メニュー。
コーンマヨソースを添えたら、
もちろんビールでしょ！

つくり方

1 じゃがいもは皮付きのまま柔らかくなるまでゆで、皮をむいて熱いうちにつぶす。ブロッコリーはくたくたになるまで5分ほどゆでたら、キッチンペーパーに包んで水分を絞ってみじん切りにする。

2 みじん切りにしたサーモン、ゆで卵と**1**を合わせ、塩を加えて混ぜたら好みの大きさに丸める。

3 **2**に小麦粉を薄くまぶして溶き卵をからめ、パン粉をまぶしつける。

4 米油を熱したフライパンで**3**を転がしながら焼く。全体がこんがりときつね色になればOK。器に盛りつけ、混ぜ合わせたコーンマヨソースを添える。

材料（2人分）

サーモン（刺身用）…90g
じゃがいも…1個
ブロッコリー…3房
ゆで卵…1個
塩…小さじ½

■ 衣
小麦粉…大さじ2
溶き卵…1個分
パン粉…½カップ

米油…大さじ4

■ コーンマヨソース
コーン（缶詰）…50g
マヨネーズ…20g
黒胡椒…適宜

カツオカツ

つくり方

1 タルタルソースの材料を合わせておく。刺身用のカツオは2枚を重ねる。柵だと2㎝くらいの厚切りに。

2 カツオの両面に塩をふって下味をつけ、小麦粉を薄くまぶし、溶き卵にくぐらせて、パン粉をつける。

3 フライパンに揚げ油を注ぎ、180℃に熱して**2**を揚げる。きつね色になったら中はレアでもOK。器に盛りつけ、タルタルソースをかけていただく。

\マグロでも！/

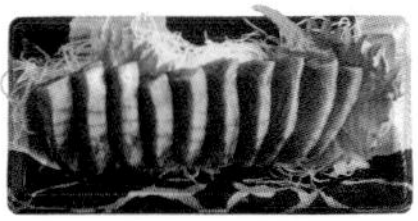

材料（2人分）

カツオ（刺身用）…8切れ
塩…小さじ½

■衣
- 小麦粉…大さじ2
- 溶き卵…1個分
- パン粉…½カップ

■タルタルソース
- 玉ねぎ（みじん切り）…⅛分
- しば漬け（みじん切り）…20g
- ゆで卵（みじん切り）…1個
- マヨネーズ…30g
- 塩…少々

揚げ油…適宜

2枚を重ねた刺身に衣をつけてサクッときつね色に！

しば漬け入りのタルタルがカツオに合うのでたっぷりのせて。

ツブ貝のハーブフライ

ツブ貝のプリプリした食感に

ハーブとチーズの香りをまとわせます。

レモンをギュッと搾れば、私的にはこれ、断然ハイボール。

つくり方

1 ハーブ衣をつくる。ハーブとパン粉をミキサーにかけて香りを引き立ててから、粉チーズを混ぜ合わせる。包丁で細かくたたいてもいい。

2 ツブ貝に小麦粉を薄くまぶし、溶き卵にくぐらせて、**1**のハーブ衣をつける。

3 フライパンに揚げ油を注ぎ、180℃に熱して**2**を入れ、衣が香ばしく色づいたら出来上がり。器に盛りつけてから塩をぱらり、レモンを添えてどうぞ。

材料（2人分）

ツブ貝（刺身用）
…10個
小麦粉…大さじ1
溶き卵…1個分
■ハーブ衣
ローズマリー…1本
タイム…3〜4本
パン粉…½カップ
粉チーズ…大さじ2
揚げ油…適宜
塩、レモン…各適宜

＼どんな魚でも！／

パンにのっけて、塗って、食べる刺身！

魚を野菜と一緒にたたいたタルタルと、ペースト状にしたスプレッド、パンにのせてオープンサンドにすれば、いきなり酒飲み気分が上がる魚つまみになります。ちょこっと余った刺身でもつくれるので、一度つくり方を覚えると便利ですよ。バゲッドのほか、黒パン、穀物パンなど、組み合わせるパンによっても味わいは広がります。もっと手軽にクラッカーにのっけて食べてもいい。タルタルは、水分が出る前につくりたてをすぐにがぶっと食べてください。飲みながら、つくりながら、つまみながらが正解です！

赤玉ねぎを使えば、アジの色味が鮮やかに映えます。

きゅうりのみじん切りを加えても◎。粒マスタードをしっかり効かせるとぐっとつまみ感が増します。

つくり方

アジ、赤玉ねぎ、バジルはみじん切りに。ボウルにすべての材料を入れて、満遍なく混ぜ合わせる。少し置いて味をなじませたら、パンにのせていただく。

材料（2人分）

アジ（刺身用）…120g
赤玉ねぎ…⅛個
バジル…4〜5枚
オリーブ油…小さじ2
塩…ひとつまみ
粒マスタード…小さじ2
パン…適宜

アジのタルタル

＼ブリでも！／

タコとブロッコリーの タルタル

タコをみじん切りにして、
熱々のブロッコリーと混ぜるだけ。

カリカリに焦がしたブロッコリーの風味がアクセント。

つくり方

タコはそぎ切りにして粗みじんに。ブロッコリーは縦半分に切り、バットに並べてソースの材料を加える。バットごと魚焼きグリルやオーブンで焼いて、こんがりと焼き目がついたらみじん切りに。ボウルにタコとブロッコリー、バットに残ったソースを加えて、混ぜ合わせる。少し置いて味をなじませたら、パンにのせていただく。

材料（2人分）

タコ（刺身用）…100g
ブロッコリー…6房
■ ソース
オリーブ油…大さじ2
塩…ひとつまみ
ローズマリー…1本
パン…適宜

イワシと味噌のタルタル

キンキンに冷やしたバターを食べる直前にオン。

噛みしめるうちに、口の中でイワシの脂とバターが溶け合います。

材料（2人分）

イワシ（刺身用）…120g	味噌…小さじ2
長ねぎ…3㎝	バター…適宜
青ねぎ…1本	食パン（4枚切り）…1枚

つくり方

イワシはそぎ切りにして粗みじんに。長ねぎ、青ねぎはみじん切りにする。バターは厚さ5㎜に切って冷凍庫で5分くらい冷やしておく。ボウルに長ねぎ、青ねぎと味噌を合わせて、イワシをつぶさないようにざっくりと混ぜたらタルタルの完成。焼いた食パンの上にバター、タルタルをのせていただく。

＼アジでも！／

イカキムチチーズ焼き

こんがり焼いた食パンとイカキムチがよく合うんです。

イカを細切りにするときは、包丁の刃先を使って、力を入れて手前に引くようにして切ります。

材料（2人分）

イカ（刺身用）…60g
キムチ…50g
ピザ用チーズ…大さじ4
鰹節…適宜
食パン（8枚切り）…1枚

つくり方

イカは細切りにする。キムチの水気をギュッと絞り、細かいみじん切りにして、イカと合わせる。食パンを4等分に切り、イカとキムチ、チーズを大さじ1ずつのせてこんがり焼いたら、鰹節ををかける。

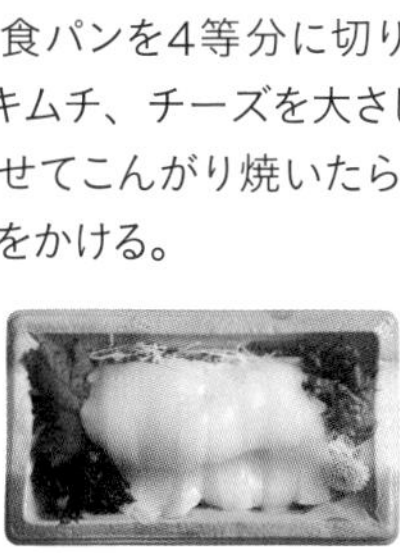

〆サバとクリームチーズ、じつは相性抜群。

酸味の効いたライ麦パンに塗って
オープンサンドにすれば
家飲み気分も盛り上がりますよ。

つくり方

水分を拭き取った〆サバをざく切りにして、ハラペーニョとクリームチーズと合わせてフードプロセッサーまたはすり鉢でペースト状に。みじん切りにしたエシャロットを加えてライムを搾り、なじませるように混ぜる。パンにつけながらどうぞ。

材料（2人分）

〆サバ（刺身用）…80g
ハラペーニョの酢漬け（市販品）*…20g
クリームチーズ…50g
エシャロット**…2本
ライムまたはレモン…1/4個
パン…適宜

*手に入らなければケイパーの酢漬けでも代用可。
**玉ねぎ1/8個でも代用可。

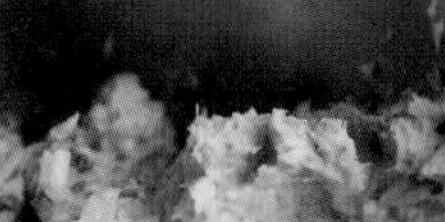

〆サバとハラペーニョの スプレッド

カツオとにんにくのスプレッド

材料（2人分）

カツオ（刺身用）…100g
玉ねぎ…½個
にんにく…3片
レーズン…15g
米油…大さじ1
塩…小さじ½
パン…適宜

つくり方

カツオはざく切りに、玉ねぎは薄切りにする。小鍋でにんにくを10分ほどゆでる。フライパンに米油と玉ねぎ、塩ひとつまみ（分量外）を入れて、混ぜながらあめ色になるまでじっくり炒める。フードプロセッサーまたはすり鉢にすべての材料を入れてペースト状に。パンにつけて、レーズン（分量外）をトッピングしてどうぞ。

カツオの酸味+
炒めた玉ねぎとレーズン&
ゆでたにんにくで
甘酸っぱいクセになる
味わいに仕上げます。

＼マグロでも！／

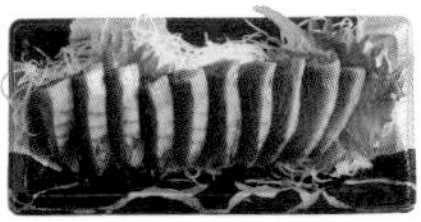

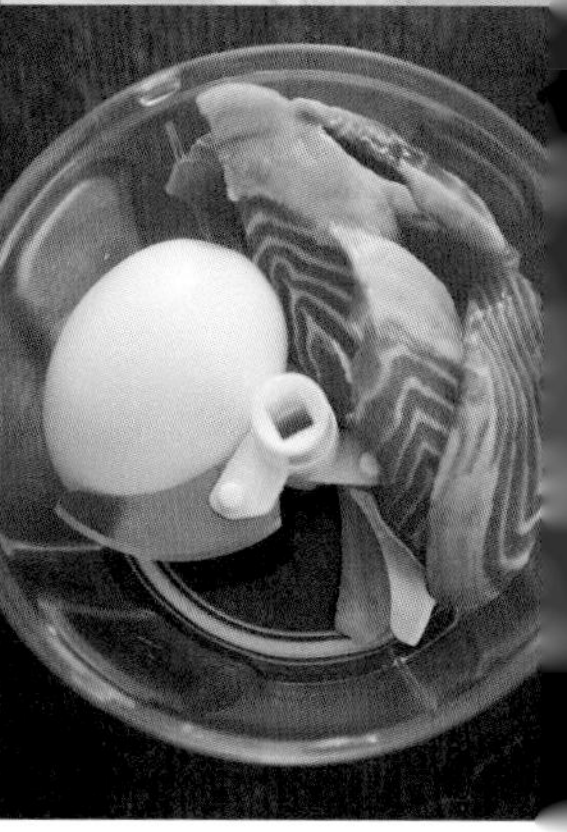

サーモンとらっきょうのスプレッド

**らっきょうを加えるだけで
つまみ感が満開に。
なめらかな口当たりに仕上がるよう**

らっきょうと玉ねぎはできるだけ細かいみじん切りに！

つくり方

セロリとらっきょうは細かいみじん切りに。サーモンとゆで卵はフードプロセッサーまたはすり鉢でペースト状に。セロリとらっきょう、オリーブ油を加えてよく練り合わせる。味をみながら塩で調味して仕上げる。パンにつけながらどうぞ。

材料（2人分）

サーモン（刺身用）…90g
ゆで卵…1個
セロリ…2㎝
らっきょう…大2〜3粒
オリーブ油…小さじ2
塩…小さじ½
パン…適宜

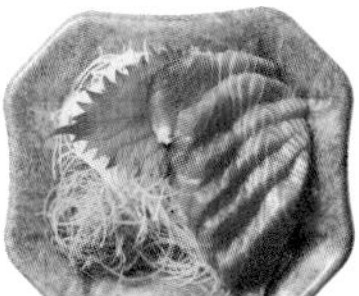

酒が進む

鍋としゃぶしゃぶ

脂ののった、ちょっといい刺身が手に入ったときにぜひつくってみてください。タイはたっぷりの大根おろしと白髪ねぎを胡麻油と塩で、ブリはトマトベースの汁でハーブをたっぷり合わせて。ねぎま鍋は甘いつゆと焼きねぎでキリッと粋に食べます。私は鍋にするときの魚は1種類のみ。シンプルに味わうのが一番です。いずれもサッと火を入れてレアで食べることが肝。火の入れすぎは禁物です。魚も味つけもシンプルだからこそ、酒が進むんですよ、これ。たまの贅沢な一人鍋や、週末の二人鍋にどうぞ。

脂ののった白身魚の刺身に
サッと火を通して、
たっぷりの大根おろしと
ねぎで食べるのがクリトモ式。
胡麻油と塩で食べると、
白身魚の旨味が際立ちます。

材料（2人分）

タイ（刺身用）…6切れ
長ねぎ…1本
レタス…5〜6枚
大根おろし…5㎝
昆布だし…500㎖
胡麻油…適宜
塩…適宜

つくり方

長ねぎの白い部分だけを斜め薄切りに。水に10分さらしてキッチンペーパーで水気をしっかり絞る。皿にタイと長ねぎ、レタスを並べ、大根おろしを別皿に用意する。鍋に昆布だしを煮立て、ねぎを入れてサッと火を通す。タイをくぐらせ、大根おろし、ねぎと一緒に胡麻油、塩でいただく。タイのだしが出てきたら、レタスを入れて合いの手に。

ねぎとレタスのタイしゃぶ

キンメダイでも！

クレソンとトマトのブリしゃぶ

ベトナムのスープをアレンジした
エスニック風のしゃぶしゃぶです。
火を通したハーブが
ブリの脂身とよく合います。
アサリやハマグリを足すと、
１００倍おいしくなりますよ。

材料（2人分）

ブリ（刺身用）…6切
クレソン…1束
好みのハーブ（ミント、ディル、パクチー）…山盛り

■スープ

和風のだし（昆布や鰹節など）…300mℓ
干し海老…小さじ1
トマト水煮缶（ホール）…½缶
醤油…大さじ1
ナンプラー…大さじ1
砂糖…小さじ1

つくり方

クレソンとハーブはざく切りに。鍋にスープの材料をすべて入れる。トマトは手でつぶしてから投入し、沸いたらスタンバイOK。鍋にクレソンとハーブをひとつかみ入れたらすぐにブリをくぐらせ、スープと一緒にいただく。煮詰まってきたら湯を足して調整を。〆にフォーなどの米麺を入れても。

マグロは脂がのっているほうがおいしいので
タイムセールで中トロの柵を見つけたらぜひ！
厚切りにして、たっぷり味わいましょう。

溶けた脂の甘味に、
甘いつゆがよくなじみます。

材料（2人分）

マグロ（刺身用の柵）…250g
長ねぎ…２本
からし…適宜

つゆ
- 和風のだし（昆布や鰹節など）…450mℓ
- 醤油…大さじ3
- 砂糖…大さじ１½
- 酒…大さじ1½

つくり方

長ねぎは5㎝の長さに切り、魚焼きグリルなどで焼き色がつくまでこんがりと焼く。マグロは水分を拭き取り、3㎝幅くらいの厚切りに。鍋につゆの材料を入れて煮立て、食べる分だけの焼きねぎとマグロを入れる。マグロの表面の色が変わったらすぐに皿に取り分け、からしをつけながらいただく。

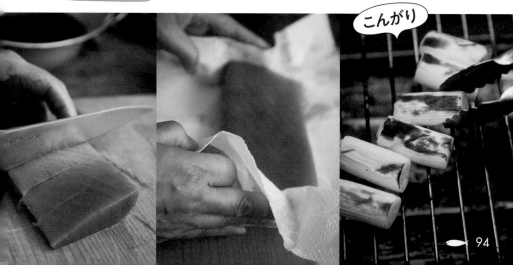

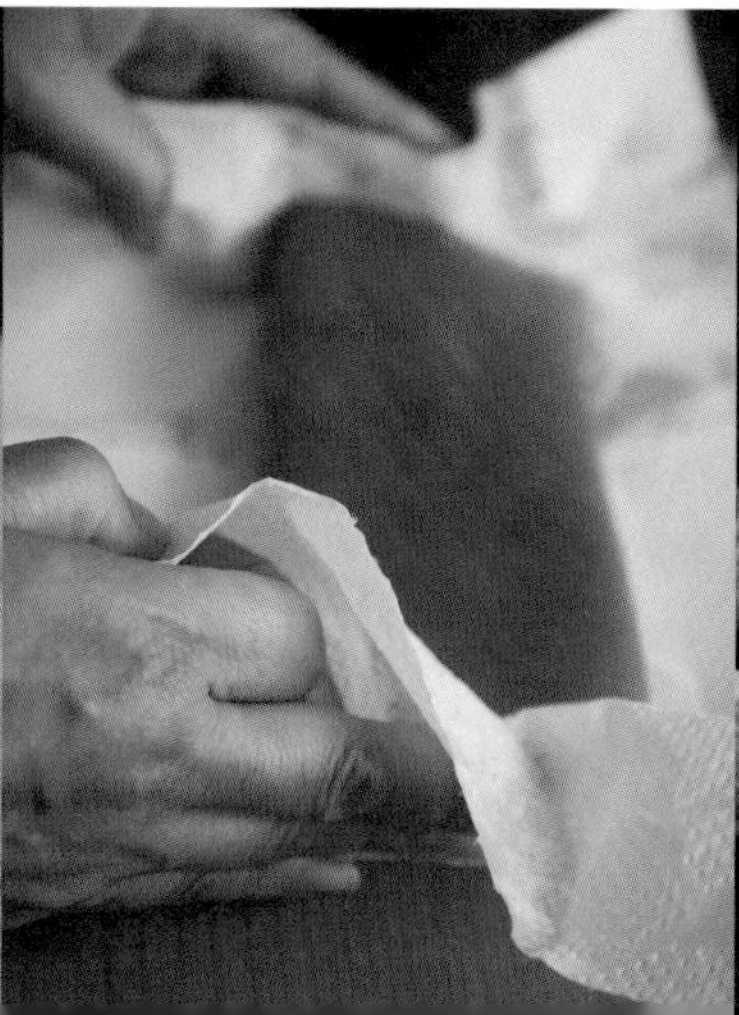

こんがり

ねぎま鍋

刺身の盛り合わせで つくりおき魚つまみ

さつま揚げ

クリーム煮込み

仕込んでおけば、飲みたいときに
ちょこちょこつまめる、
お助け魚つまみです。
どれも単品の魚でもつくれますが、
盛り合わせの刺身パックを使えば、
一度にいろんな味が楽しめます。
魚の旨味や風味が
ミックスされておいしさも倍増。
私は刺身が余ったら、
その都度ラップに包んで冷凍。
いつもストックしています。
ストック刺身がたまったところで解凍して
つくれば、刺身パックを
一切れも余すところなく
食べ切ることができますよ。

① マリネにする

つくりたてより少し冷蔵庫に置いて、ねかせてしっとりさせてからのほうが、いろんな風味がしみ込んで、おいしさ倍増。

刺身のハーブマリネ

彩り華やかに、ハーブやレモンが香る、軽やかな洋風のヅケ。

材料（つくりやすい分量）

刺身の盛り合わせ…250g
エシャロット…２本
ローズマリー…1本
ディル…1本
タイム…1本
塩…小さじ1
オリーブ油…大さじ3
レモン汁…$\frac{1}{8}$個分

1 刺身は1㎝幅に切り分け、大きめのみじん切りにする。塩（分量外）を軽くふり、なじませておく。

2 ディル、エシャロットはみじん切りにする。タイム、ローズマリーは香りをつけるだけなので、枝のまま使う。

3 ボウルにすべての材料を加える。

4 満遍なく混ぜ合わせ、しっとりとするまで味をなじませる。冷蔵庫で2〜3日保存可能。

刺身のハーブマリネで オープンサンドに

私は刺身をざっくり粗く刻んで、食感を残して食べるのが好みなのですが、細かくたたいてねっとりした仕上がりにしてもおいしいですよ。

冷蔵庫で2～3日保存する場合は、塩は少し強めに小さじ1½にしてください。食べ切るなら小さじ1で十分です。

パンにのせてオープンサンドにしたり、キリッと冷やしたカッペリーニに和えたりと、冷蔵庫につくりおきがあると何かと助かります。

②そぼろにする

刺身を香味野菜と一緒に炒めて、オイスターソースと醤油で調味したしっかり味。酒が進むので、リピートつまみ間違いなし！

魚そぼろ

濃いめのしっかりした
中華風の味つけで、
食べごたえたっぷり！

材料（つくりやすい分量）

刺身の盛り合わせ…250g
ゆでたけのこ…100g
玉ねぎ…½個
セロリ…40g
にんにく…1片
生姜…1片
胡麻油…大さじ4
醤油…大さじ2
オイスターソース…大さじ2

1

たけのこ、玉ねぎ、セロリは1cm角に、
にんにくと生姜はみじん切りにする。

2

刺身は1cm角に切る。

3

フライパンに胡麻油、にんにくと生姜を入れて炒める。香りが出てきたらたけのこ、玉ねぎ、セロリを加え、2～3分炒めてから刺身を加えて、サッと炒め合わせる。

4

醤油とオイスターソースを加えて混ぜながら汁気がなくなるまで炒りつける。
冷蔵庫で2～3日保存可能。

魚そぼろで〆チャーハン！

オイスターソースを使った濃いめの味つけにしているので、ちびりちびりつまむのもよし。ピーマンにのせたり、チコリやレタスに包んで、野菜と一緒にモリモリ食べるのもお薦めです。

　小腹がすいたときの〆チャーハンに魚そぼろを使えば、味つけなしで混ぜるだけで完成するので超簡単。溶き卵とご飯を炒めたら、魚そぼろを投入。刻んだ青ねぎや煎り胡麻をかけたら出来上がり。

　同じようにオムレツの具に使っても、いけますよ。

③オイル煮にする

にんにくがっつり、ハーブやスパイスの効いたオイルがしみ込んだ刺身は、火が通ってもパサつかず、ふわりと柔らかい食べ心地！

刺身のハーブオイル煮

ツナ缶みたいに、
万能に使える
つくりおきつまみです。

材料（つくりやすい分量）

刺身の盛り合わせ…250g
にんにく…2片
ローズマリー…1本
タイム…1本
コリアンダーシード…大さじ1
塩…小さじ1
オリーブ油…適宜

1

にんにくは包丁の腹を当て、上から押しつぶす。厚手の鍋にすべての材料を入れ、オリーブ油はひたひたになるくらいまで注ぐ。油をかぶっていないところがあれば、途中スプーンで時々かけながら火を通すといい。

中火にかけて細かい泡が立ってきたらごく弱火にして10分、刺身の色が変わったら火からおろす。その間、刺身は最後まで動かさないで、身を崩さないように火を入れるのがポイント。

2

3

冷ましてから、ハーブやにんにくと一緒に容器に移す。冷蔵庫で3～4日保存可能。

小皿に盛れば超ラクつまみ。パンにのせたり、パスタに使うときは、刺身をほぐしてそぼろ状にするといい。

4

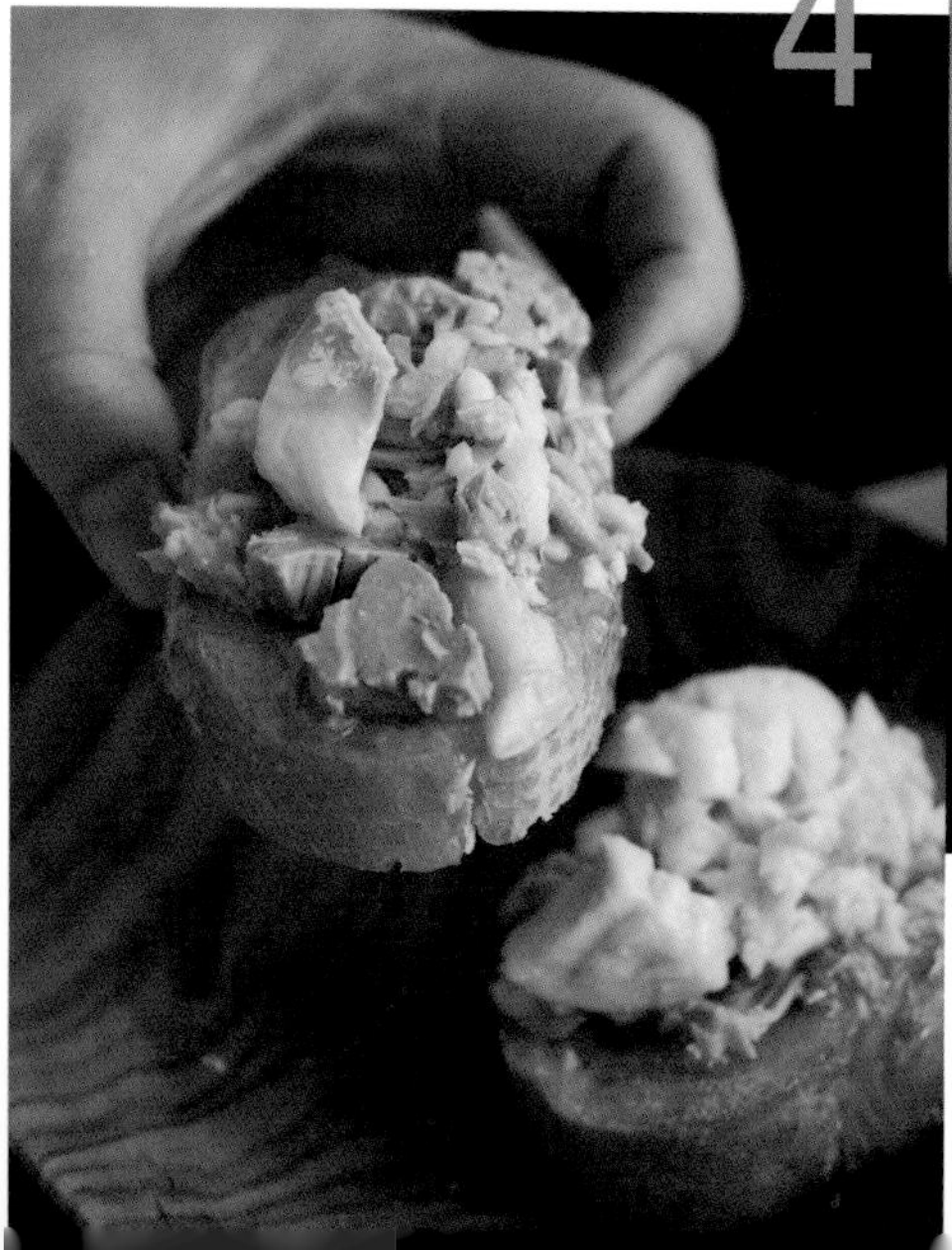

刺身のオイル煮で〆パスタ！

柵や塊を使ってオイル煮をつくるのは大変ですが、薄切りの刺身を使えば、油の量も少なくてすみますし、すぐに火が通るので簡単です。

ガーリックトーストの上に山盛りのせれば、白ワインの友に。つぶしたにんにくとオイル煮をたっぷり炒め合わせ、ゆでたパスタと和えて、仕上げにセロリの葉を盛れば、具だくさんの〆パスタの出来上がり。魚介の旨味を含んだオイルも、余すところなく使って追いオイルに！

④さつま揚げにする

刻んだ野菜の歯ごたえがアクセント。シンプルな塩味だけど、生姜をキリッと効かせているので、一口齧ればすぐに飲みたくなる！

さつま揚げ

刺身をたたいて丸めて、一口サイズに揚げたフィッシュボール！

材料（つくりやすい分量）

刺身の盛り合わせ…250g

■ 野菜
- 玉ねぎ…¼個
- にんじん…5㎝
- いんげん…3本
- 生姜…5g

卵白…1個分
塩…小さじ½
片栗粉…大さじ1
白胡椒…適宜
揚げ油…適宜

1 刺身はフードプロセッサーで攪拌してペースト状にする。包丁でなめらかになるまでたたいてもOK。

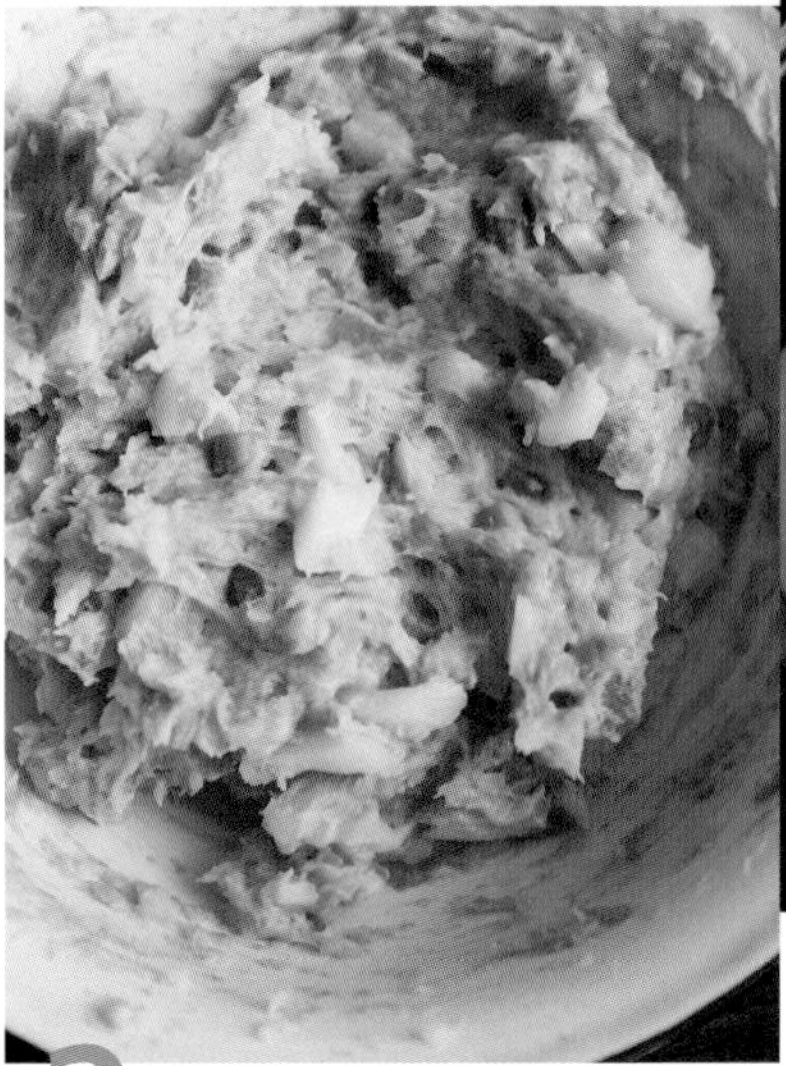

2 野菜は5㎜角に切る。ボウルに入れて1の刺身、卵白、塩、片栗粉、白胡椒を加えてよく混ぜ、練り合わせてタネをつくる。

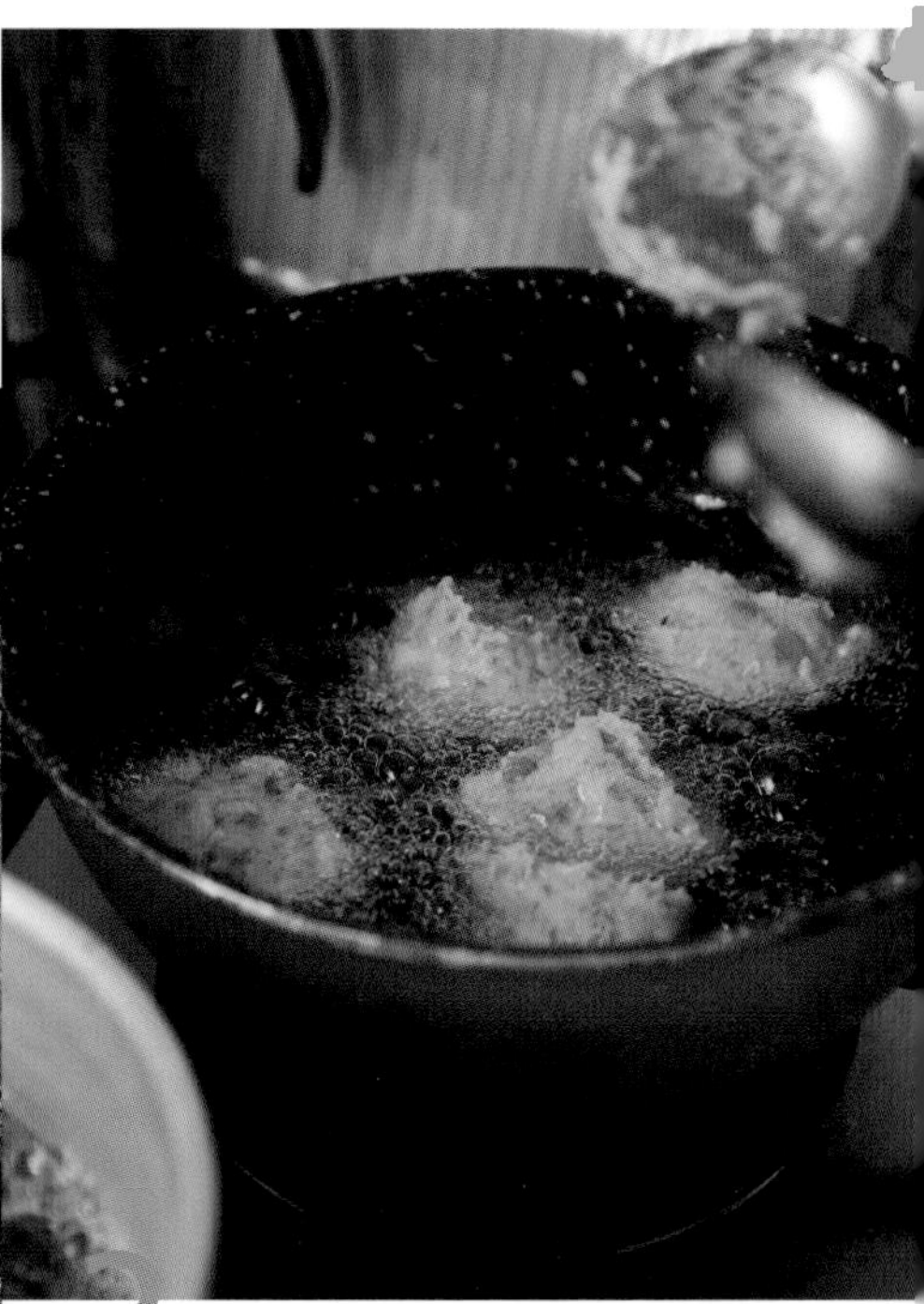

3 フライパンに揚げ油を180℃に熱して、タネをスプーンで丸めるようにして入れる。

4 表面がカリッとするまで2〜3分揚げたら油をきり、少し置いて余熱で中まで火を通す。冷凍保存可。

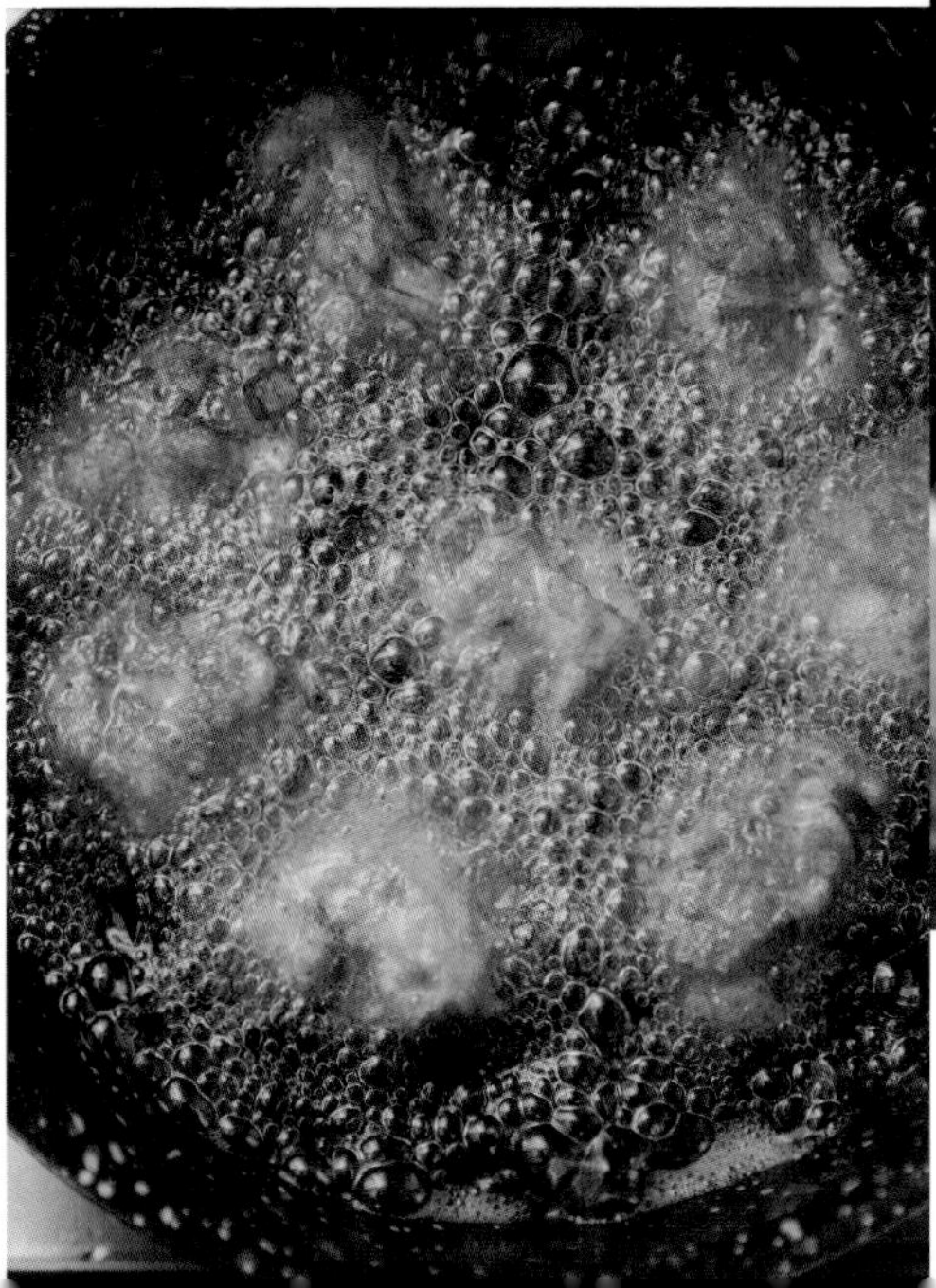

さつま揚げを味噌汁の具に！

白身魚にサーモンやマグロ、イカやタコ……、いろんな種類の魚が混ざったほうが断然おいしいさつま揚げ。

出来たてはビールの友に最高ですが、冷めても味がなじんでおいしいんです。大根おろしとポン酢や、レタスに包んでスイートチリソースにつけながらタイ風に食べるのもお薦め。それから、汁物で飲むのもよし！　小松菜と一緒に味噌汁の具としても活躍します。

⑤ クリーム煮にする

クリーム煮にすれば、どんな盛り合わせもおいしいに決まってる！　なかでも貝はクリームとの相性抜群。貝のだしが溶け出した旨味たっぷりの濃厚な煮汁がワインにぴったり。

貝のクリーム煮込み

貝の盛り合わせを使えば
リッチでクリーミーな
煮汁がとろけるよう。

材料（つくりやすい分量）

貝の刺身盛り合わせ
…160g
小麦粉…大さじ1
にんにく…2片
生クリーム…200㎖
塩…小さじ½
オリーブ油…大さじ2

1 貝の刺身に小麦粉を薄くまぶしておく。にんにくは包丁の腹を当て、上から押しつぶす。

2 フライパンにオリーブ油とつぶしたにんにくを弱火でゆっくりと熱し、香りが立ってきたら貝を加えてサッと炒める。

3 貝の粉っぽさがなくなってきたら、生クリームを回し入れる。

4 塩を加えて5分ほど煮込む。沸かさないように弱火で仕上げること。冷蔵庫で2日、冷凍保存も可。

ゆでじゃがに貝の
クリーム煮込みをかけて

貝のだしの旨味を味わうように、味は塩のみでシンプルに仕上げました。貝の刺身は火を入れすぎると硬くなるので、軽く煮込むくらいでOK。残った煮汁でリゾットやクリームうどん、クリームパスタをつくっても楽しめます。

お薦めの食べ方は、ゆでたじゃがいもに熱々のクリーム煮をたっぷりかけて、ゴルゴンゾーラを散らすだけ。さらにチーズをのせてオーブンで焼けばリッチなクリームグラタンになります。

クリトモ商店の目利きの話。
たまらず魚が食べたくなります。

魚つまみINDEX

（魚の名前　五十音順）

アジ類の中でも高級魚として知られる体重2kg級のシマアジ。脂がのった身は、庶民的なアジとは別格の味わい。

【アジ】

アジだけに味が良い魚として日本人なら誰でも好きな魚です。年間通して全国各地で水揚げされており、産地によって品質はピンからキリまであります。一尾一尾同じように見えて、脂ののりや身質に違いのある、魚屋冥利に尽きる魚です。なかでも活け締めされたアジは、加熱するとその力を発揮します。火を通すとふわふわと膨らみ、魂が宿っていたかのような感動が伝わると思います。

アジとマスタード焼きなす 18
アジのスパイシーハンバーグ 70
アジのタルタル 78

【イカ】

海の中で泳いでいるイカは、無色透明。触ると色がどんどん変わる性質をもっています。刺身の白色は、死後硬直して白濁したものなのです。食感も同じように変化します。鮮度のいい活けイカはコリコリと歯ごたえありますが、死後硬直していくとだんだんねっとりと柔らかくなっていきます。

イカタラコ 35
イカステーキ 青唐醤油ソース 36
イカそうめん 大根おろしマヨポン 64
イカキムチ チーズ焼き 83

【イサキ】

一年中獲れる魚ですが、時季によりタイよりも高くなります。タイが産卵期に入る5月〜6月には、脂ののった白身魚が少ないんです。その間、2〜3kgのサイズになると、高値で取引されるものが出てきます。身が柔らかく、ねかせると旨味が増して濃厚に。熟成させて使うプロが多いです。

イサキと煎り大豆 33

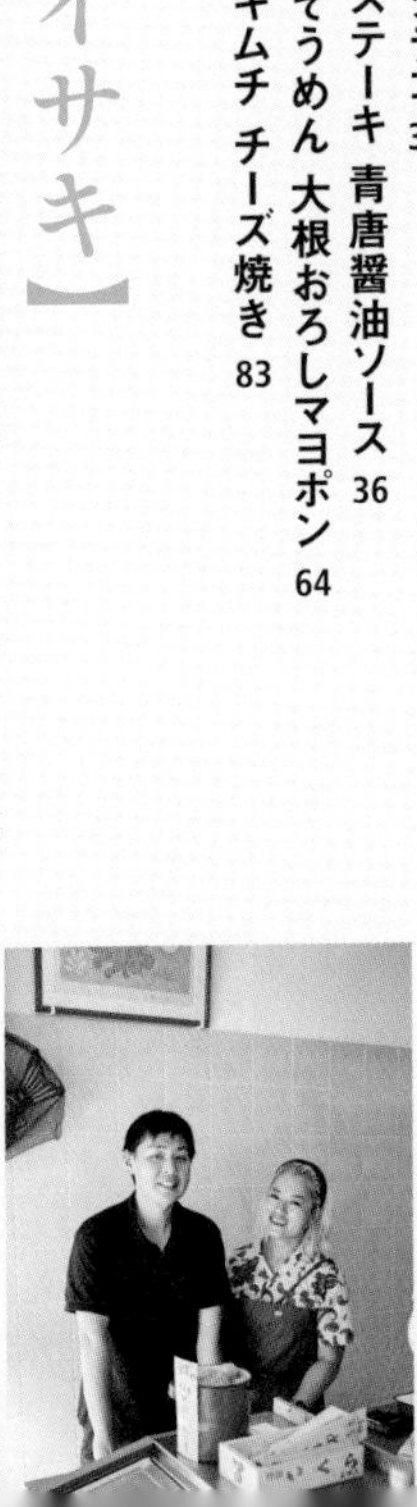

語り：賀茂晃輔（クリトモ商店）
築地で栗原さんが夫婦で営む魚卸の水産会社「クリトモ商店」。夫の賀茂さんは魚の目利き。明石をはじめ、北海道や京都など各地から仕入れる魚は国内外の飲食店からの信頼を得ている。

ツブ貝のコリコリとした食感はサザエと並び人気。磯の香りがあまり強くなく、食べやすく感じる人も多い。

【イワシ】

魚へんに弱いと書いてイワシ。鮮度が落ちやすく昔から保存食が発達してきました。梅雨時から旬を迎え、西と東のイワシがおいしくなる頃に夏がやって来ます。西のイワシは味が濃く、東のイワシは脂があり、西と東のイワシを食べ比べてみるととても面白いですよ。西と東のちょうど間に、水揚げ量日本一の千葉県銚子港があります。

イワシとじゃがいものハーブ盛り 20
イワシとにんじん 23
イワシのミモザ パセリソース 54
イワシと味噌のタルタル 82

【ウニ】

ロシア、北海道、三陸には、バフンウニ、ムラサキウニがあり、西はアカウニ。沖縄には白髭ウニなんて呼ばれるウニもあります。東のムラサキウニは濃厚でクリーミー、西の赤ウニは香ばしくて香りが高い。食べ比べてみると、牡蠣と同じような味わいを感じました。

ウニのスクランブルエッグ 59

【カツオ】

青葉が芽吹いた頃に獲れる初ガツオ。「初ガツオは女房を質に入れてでも食え」とは江戸時代のこと。当時は、春一番に獲れるカツオこそ、脂が少なく日持ちがしておいしいとされていました。流通がよくなり、脂の鮮度が保たれる今となっては、脂ののった秋の戻りガツオがなんといっても人気。とはいえ、春らしい青い香りとあっさりした味わいもまたカツオのおいしさです。

カツオのたたき トマトサルサ 16
カツオのガーリックマヨ 67
カツオカツ 74
カツオとにんにくのスプレッド 86

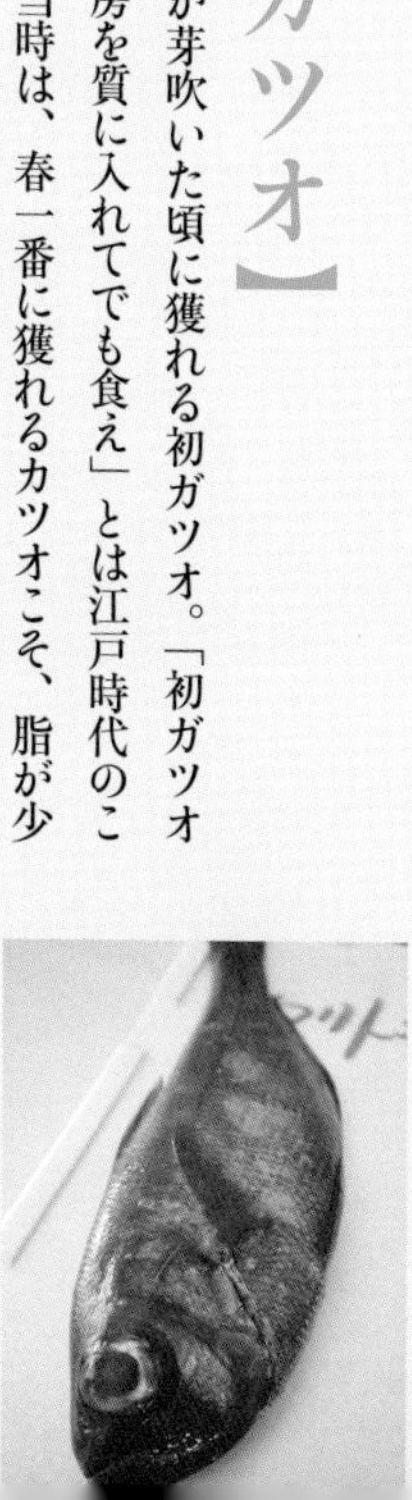

ピカピカに輝く銚子のキンメダイ。2kgサイズの堂々たる姿。90ページのねぎとレタスのタイしゃぶを脂ののったキンメダイでつくると絶品！

いくら
adidas

【カンパチ】

脂があってこそカンパチのおいしさ。一年中獲れる魚ですが、年末に三重県の尾鷲で渦潮にのって上ってくる大型のカンパチはおいしいですよ。カンパチは脂がのってもいてもクセがないので、いろんな食材と合わせやすいのも特徴です。

カンパチと紅白なます 27
カンパチと糠漬け 34

【サーモン】

刺身用は、ほぼノルウェーやカナダ、チリの養殖サーモン。トラウトサーモンと表記されているものは、鮭ではなくニジマスです。いずれももともとは白身魚。餌となるカニやオキアミの色素によってオレンジ色になるのです。養殖は環境や飼料など徹底管理がなされているので、刺身でも安心して食べることができます。

サーモンチーズ焼き 48
サーモンのフィッシュケーキ 72
サーモンとらっきょうのスプレッド 87

【シマアジ】

アジと名前についていますが、真アジとは全く別の味わいです。6~7kgになると「オオカミ」と呼ばれていて、高値で取引されます。口が柔らかい魚なので、一本釣りが難しく、定置網で獲るのが一般的。養殖もありますが、天然物はすっきりとした中に脂があって、シマアジの独特の香りが口の中でぱっと広がります。

シマアジとパクチー 22

【サバ】

縞模様があるのが真サバ、黒い斑点のあるのが胡麻サバです。魚屋で働き始めて一番最初に勉強したのがサバでした。回遊魚なので、一年中おいしいサバを追いかけて、地図を広げて日本各地の港を覚えました。秋から春にかけては真サバ、夏は胡麻サバと、今ではサバを見ていると、カレンダーよりも季節を感じるほど。面白い魚です。

〆サバとクリームチーズレモン 50
〆サバとハラペーニョのスプレッド 84

新鮮なアオリイカは、透明。手に持つとみる見る間に色が変わっていく。

【タイ】

毎年、多くの魚を目にしていますが、魚の中で、タイが一番きれいな魚だと思っています。「釣り上げる瞬間、暗い海の中から黄金色のキラキラとしたタイを見ると毎回ゾクゾクする」と、明石のタイ漁師さんが話していたのが忘れられません。それくらい、魚屋としてタイを仕入れるときはいつも感動があります。捨てる所がなく魚の王様。日本人はタイにうるさいんです。

タイの黄身胡麻あえ 28
タイ海苔チー 47
タイのピカタ 56
ねぎとレタスのタイしゃぶ 90

【タコ】

水分の多い水ダコは柔らかいので生のままでも食べられますが、真ダコはゆでて食べます。なかでも潮の流れが速い明石海峡で育った真ダコは、足が太く短く、陸でも立って歩くほど力強いため、旨味、香りが抜群です。たまに出くわす4kg級の大ダコを漁師さんはさまよえるタコと言います。なぜなら、タコは受精すると死んでしまうので、寿命は一年。長生きして大きくなるのは受精を一度もしていないタコだからです。

タコとじゃがいものアーリオオーリオ 32
タコとブロッコリーのタルタル 80

【ツブ貝】

巻き貝の一種で、コリコリとした食感と貝らしい甘味が特徴。主な産地は北海道で、ツブ籠漁といって、籠に餌を入れて獲ります。大きく成長する夏場、日高産の真ツブは高値で取引されます。調理するときは、身が硬く縮んでしまうともったいないので、火を通しすぎないようにしてください。

ツブ貝の納豆白あえ 30
ツブ貝のハーブフライ 75

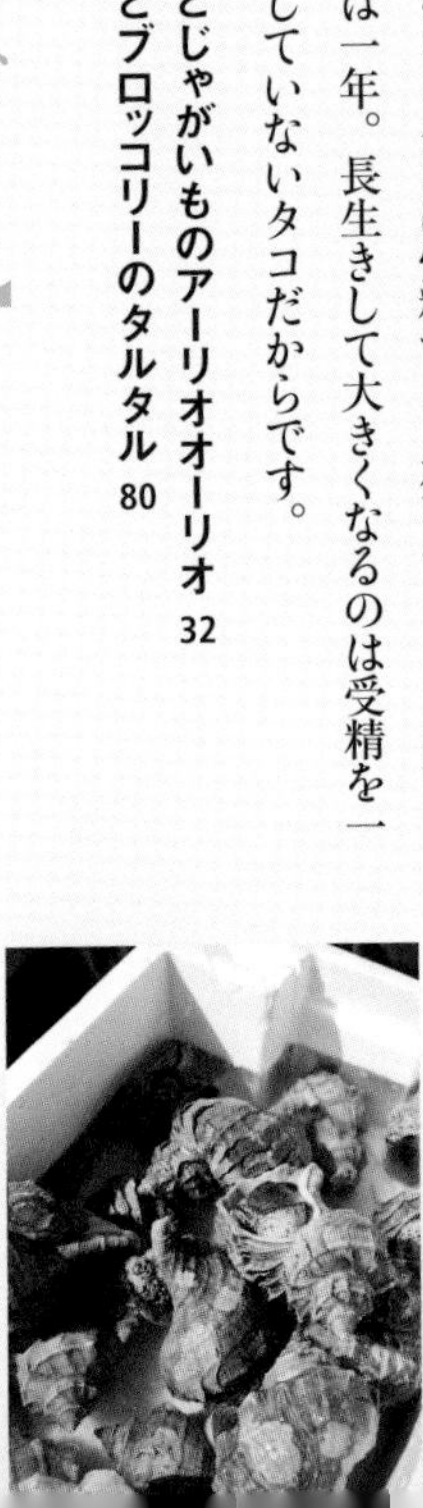

鮨ネタとして高値で取引される、真夏に出回る最高級クラスの真ツブ。

【ヒラマサ】

体が平たく見えることから、平政と書いてヒラマサ。ブリやカンパチと並んでブリ御三家と呼ばれる高級魚です。じつはブリとヒラマサの見分け方はプロでも難しく、なかにはブリとのハイブリッドもいるんです。泳ぐ力が強いので引きが強く、血の気の多い魚。そのため身の締まりがよく、歯ごたえのあるさっぱりした脂身が特徴です。

【ブリ】

シーズンの始まりは初夏の北海道・余市。12月には富山・氷見、そのあと鳥取、福岡、長崎へ。水温の低下とともに、冬から春にかけてブリはイワシを追って南下していくと言われています。マグロが穫れるようになると、好漁場からブリがいなくなるそうです。ブリの後にマグロが獲れるようになります。

【ホタテ】

一年中出回りますが、旬は産卵期を迎える春。水揚げしたばかりの新鮮なホタテは、まるでプリンみたいなんです。揺らすとプルプルして、とにかく甘い。時間が経つと死後硬直して身が締まり、ねっとりしてきます。

【マグロ】

大型で最高級品として知られる本マグロ（クロマグロ）は、独特の酸味や奥行きのある余韻がたまらない味わいです。南半球で育つミナミマグロ（インドマグロ）、中型のメバチマグロ、キハダマグロ、小ぶりなビンチョウマグロもあります。調理するなら、値段の手頃なメバチマグロやキハダマグロがお薦めです。

【どんな魚でも】

鹿児島・出水のアジは、味が濃く、脂ののりがいい。甘味、身のねっとり感、上品な香り、アジとは思えないコクがあり、口溶けもよく、とにかく身が繊細。

魚の魅力を知ってほしい、普段の食卓に一品加えてほしい。
そんな思いでこの本をつくりました。
魚は丁寧に調理するものというイメージが強いですが、
魚屋になった今では、適当に、気軽に、その場のノリで、
食べたい味つけで料理すればいいと思っています。
魚は世界中で食べられています。
だからもっと自由な味つけで楽しめるものです。
この本で紹介するのは、ありきたりな魚の食べ方に
飽きてしまった私が考えた、新しい魚つまみです。
本を読んだら、ぜひ魚屋やスーパーの
刺身コーナーでじっくり魚を見てください。
これまでとは魚の見え方が違ってくるはずです。
魚に興味を持って料理をすれば、魚つまみが楽しくつくれます。

NO FISH,
NO LIFE!

撮影　鈴木泰介
スタイリング　久保田朋子
装幀　野澤享子　矢野航平
（パーマネントイエローオレンジ）
校正　岡本美衣
編集　神吉佳奈子　江部拓弥

栗原 友　くりはら とも

ファッション誌の編集者を経て、2005年より料理家として活動。2012年に「魚の修業をしよう」と一念発起して築地市場にある鮮魚店に5年勤務。魚さばきやまかない料理に明け暮れる日々の中で、旬の魚のおいしさに出会う。現在は水産卸会社を経営。2020年10月には築地・波除神社前に鮮魚店「クリトモ商店」を開店する。著書に『クリトモのさかな道 築地が教えてくれた魚の楽しみ方』『魚屋だから考えた。クリトモのかんたん魚レシピ』などがある。YouTubeチャンネル「クリトモ式」配信中。

クリトモ商店
東京都中央区築地6-23-5
☎03-6264-0949
●国内外のレストランや飲食店への卸売のほか、不定期で惣菜の小売、通販もあり。
Instagram　@kuritomo_shouten

ひとりぶん、ふたりぶん
刺身パックで
さかなつまみ

発　行　2021年10月14日　初版発行
2024年 8月20日　第3刷発行

著　者　栗原 友
発行所　株式会社プレジデント社
〒102-8641
東京都千代田区平河町2-16-1
平河町森タワー13階
☎03-3237-5457（編集）
☎03-3237-3731（販売）
発行者　鈴木勝彦
印刷所・製本所　TOPPANクロレ株式会社

ISBN978-4-8334-5183-3 C0077